상처받지 마라, 취향일 뿐이다

상처받지 마라, 취향일 뿐이다

발행일	2018년 7월 31일
1판 2쇄	2018년 8월 15일

지은이	천 상 욱		
펴낸이	손 형 국		
펴낸곳	(주)북랩		
편집인	선일영	편집	오경진, 권혁신, 최예은, 최승헌, 김경무
디자인	이현수, 허지혜, 김민하, 한수희, 김윤주	제작	박기성, 황동현, 구성우, 정성배
마케팅	김회란, 박진관, 조하라		
출판등록	2004. 12. 1(제2012-000051호)		
주소	서울시 금천구 가산디지털 1로 168, 우림라이온스밸리 B동 B113, 114호		
홈페이지	www.book.co.kr		
전화번호	(02)2026-5777	팩스	(02)2026-5747

ISBN	979-11-6299-247-0 03180 (종이책)	979-11-6299-248-7 05180 (전자책)

이 도서의 국립중앙도서관 출판예정도서목록(CIP)은 서지정보유통지원시스템 홈페이지(http://seoji.nl.go.kr)와
국가자료공동목록시스템(http://www.nl.go.kr/kolisnet)에서 이용하실 수 있습니다.
(CIP제어번호 : CIP2018023947)

(주)북랩 성공출판의 파트너

북랩 홈페이지와 패밀리 사이트에서 다양한 출판 솔루션을 만나 보세요!

홈페이지 book.co.kr • **블로그** blog.naver.com/essaybook • **원고모집** book@book.co.kr

상처받지 마라, 취향일 뿐이다

절대 진리처럼 말하는
대부분이 그냥
그 사람의 취향일 뿐이다

천상욱 지음

내가 가진 게 아무것도 없는 것 같아도,
나는 내가 가진 것을 모르고 있을 수도 있다!

북랩 book Lab

절대 진리인 것처럼 말하는 취향에
상처받는 사람들을 생각하며

모임 후 뒤풀이로 음식점에 갔는데 테이블별로 각자 원하는 음식을 시키기로 했다. 내가 있는 테이블은 아무도 선뜻 음식을 시키지 않았고 평소 소심한 나는 눈치를 보며 기다리다가 조심스럽게 술안주를 선택했다. 그때 대각선에 있던 사람이 "이런 분위기에서는 그런 안주를 먹는 것이 아니다. 이 집에서는 이것을 먹어야 한다"라고 하면서 다른 음식을 주문했다. 나는 거절당했다는 생각과 함께 무시당한 거 아닌가 하고 있었는데, 대각선의 그 사람은 여기 처음 와보냐고 촌스럽게 그런 음식을 시킨다고 나에게 계속 뭐라고 한다.

민망하고 창피한 마음에 처음에는 내가 분위기 파악을 잘못 했구나 생각했지만, 점점 속상하고 억울한 마음은 커졌다. 그렇지만 모임에서 영향력도 있고 다양한 음식점도 많이 다녔다고 스스로 말하는 그 사람 앞에서 할 수 있는 말은 없었다. 그렇게 잠깐의 시간이 지난 후 같은 모임 일행 중 옆 테이블에는 내가 시키고 싶었던 음식을 술안주로 시켰고, 일어서서 주변을 보니 우리 일행이 아닌 또 다른 테이블에서도 그 음식을 먹고 있었다. 대각선의 그 사람에게 따지고 싶었지만, 그럴 용기도 나지 않았고 그럴 정도로 그게 중요한가 싶어서 그냥 넘어갔는데, 상당 시간 기분이 좋지 않았다.

우리는 살면서 이런 경험을 가끔씩, 아니 때로는 자주 하게 된다. 뭐 중요하지도 않은 사소한 것에 집착하느냐고 말하는 사람도 있겠지만, 내가 맞는다고 생각하는 것을 아닌 것으로 받아들이는 게 쉽지 않다는 것을 경험한 사람은 공감할 수 있을 것이다. 대각선의 그 사람이 했던 절대 진리와 같았던 말이 그냥 그 사람의 취향일 뿐이라는 것을 알았으면, 상처받고 좌절하며 답답함에 시간을 보내지 않고 그 사람의 별거 아닌 취향에 맞춰 주면서도 즐겁게 모임을 즐길 수 있었을 것이다.

공통적인 기준은 물론 있을 것이다. 하지만 절대 진리처럼 확신을 가지고 말하는 사람이 제시한 것은 그 사람의 취향일 가능성이 의외로 높다. '거실 인테리어는 이렇게 해야 한다', '화장은 이렇게 해야 한다', '옷 코디는 이렇게 하면 안 된다'라고 말하는 워너비 셀럽, 인플루언서들의 조언에는 그들의 취향이 분명히 들어 있다. 독특하고 매력적으로 느껴진다면 이것은 더 높은 수준의 절대 진리가 아닌 더 강한 개인 취향일 수도 있다는 것을 항상 생각할 필요가 있다. 내가 올바른 선택을 하기 위함이기도 하고, 올바르게 선택할 수 있게 남을 도와주기 위해서이기도 하다. 내가 상처받지 않기 위해서이기도 하고, 내가 상처주지 않기 위함이기도 하다.

취향을 절대 진리처럼 말하는 사람 중에서 나에게 영향을 주는 사람은 누가 있을까? 일반적으로 부모님의 영향이 가장 클 것이고, 초등학교나 중고등학교 선생님의 영향도 만만치 않다. 학교 선배, 군대 고참, 회사 상관, 형제자매, 친척 어른, 남자친구와 여자친구, 애인, 남편과 아내, 배우자의 부모님까지 모두 그럴 수 있는 위험성을 가진 사람들이다.

초등학교 때는 누구나 시를 쓰게 하는데, 숙제로 시를 쓰면서도 시인을 꿈꾸는 사람도 많을 것이다. 필자는 꽤 오랜 시간에 걸쳐 중요한 깨달음을 얻은 경험이 있다. 남들과 똑같은 표현을 쓰지 않겠다는 생각에 정확한 표현이 기억나지는 않지만 "어떤 소리는 파란색으로 보인다" 혹은 "이런 감촉은 맑은 목소리이다"라는 식으로 시를 썼다. 신선한 시도라는 칭찬까지는 받지 않더라도, 혼날 것이라고 진히 생각하지도 않았었는데, 정각, 시각, 촉각, 후각 등 기본적인 감각을 표현하는 법을 제대로 모른다고 선생님에게 호되게 혼났다. 그러고 나서 시의 형태를 아예 바꿔서 무난하고 밋밋하게 작성한 후 제출했다.

　오랜 시간이 지난 후도 아닌 중학교에 진학하니 시각의 청각화, 촉각의 후각화, 청각의 시각화 등 감각을 전이해 표현하는 것이 1학년 교과서에 나와 있었다. 선생님의 말씀은 진리라고 여겼던 그 시절에 그것은 필자에게 큰 혼란이자 배신감으로 느껴졌고, 선생님이 뭘 모르면서 이야기했던 것이라고 생각하기에 이르렀다. 그런데, 더 시간이 지나고 나니 선생님이 몰라서 그렇게 한 게 아니라 감각의 전이를 싫어하셨던 것이라는 생각을 하게 됐다. 이렇게 하지 않는 게 좋겠다고 알려준 게 아니라 이렇게 하면 안 된다고 호되게 혼낸 것은 선생님의 배타적인 취향을 강요했던 것인데, 나는 기본도 제대로 모르는 학생으로 취급당해 좌절감을 심하게 느꼈던 것이다.

　내가 잘못되거나 부족한 게 아니라 상대방의 취향과 내 취향이 다른 것으로 인한 갈등이 실제로 많이 일어난다. 다른 표현으로 하면 코드가 맞는지 아닌지에 따라, 내가 잘못한 사람으로 혹은 부족하거나 모자란 사람으로 취급받을 수 있다. 그런데 대부분의 사람들이 이런 특성을 모르고, 생각해 본 적도 없기 때문에 자기의 생각과 의지, 열정이 꺾이게 되는 경우가 많다.

이는 새로운 분야에 도전하는 사람들이 항상 겪는 문제일 수 있는데 경험이 없기에 유경험자의 이야기를 듣지 않을 수도 없다. 일상생활로 돌아오면 연애는 이렇게 하는 것이라고 말하는 사람들이 참 많다는 것을 알 수 있다. 듣는 사람은 지금 듣는 연애의 노하우가 처음에는 연애의 정석인 것처럼 믿을 수밖에 없지만, 시간이 지나고 나면 결국 알려준 사람의 연애관, 연애 취향이었다는 것을 알게 될 수 있다.

이 책은 내게 의미 있는 상대방이 가진 강력한 취향이 나와 같지 않을 때 내가 당연히 잘못했다고 생각해 좌절감, 자괴감을 느끼며 스스로 움츠러들었던 많은 사람들에게, 이제는 그럴 필요가 없다는 것을 알려주기 위해 만들어졌다.

이 책을 읽다보면 독자 개인의 입장에서 어느 부분은 아니라고 생각되거나 납득하기 어려운 점이 있을 수도 있다. 그렇지만 책은 진리라고 일단 믿고 스스로에게 질책하는 독자도 있을 수 있다. 필자가 정말 원하는 점은 그럴 때 무조건 자신이 틀렸다고 단정하지 말고, 어쩌면 저것은 저자의 취향일 수도 있다는 가정을 먼저 하는 것이다. 진리로 여겨졌던 많은 것들이 취향이라는 것을 깨닫게 되면, 자신감과 너그러움, 포용력, 희망이 모두 생길 수 있고, 삶이 행복해질 수 있다. 이 책을 읽는 사람들이 쓸데없는 상처의 기억에서 벗어나 행복해지는 것이 필자의 바람이다.

2018년 7월

천상욱

목차

/ 제4장 /

취향이라고
무조건 따르지 말라는 것은 아니다 / 97

/ 제5장 /

내가 강하게 믿는 신념 또한
취향이라고 가정한다 / 121

/ 제6장 /
취향이라는 개념과 측면으로
생각할 수 있어야 한다 / 151

/ 제7장 /
악플에
상처받지 마라 / 163

제1장

자신의 생각이나 기준,
취향을 절대 진리처럼
확신해 말하는 사람들

누가 영향을
주고 있는 것일까?

- 내가 잘못했다고 느끼게 만드는 표현들, 그리고 그런 말을 하는 내 주변의 사람들

부모님, 선생님, 학교나 사회의 선배, 군대의 상관, 성공해서 앞서가는 사람들에게 우린 이런 이야기를 들으며 살아왔다.

"인생은 이렇게 사는 거야."

"공부를 잘하려면 이렇게 해야 하는 거야."

"사회생활을 잘하려면 눈치가 빨라야 한다."

"연극 대본을 쓸 때는 자세하게 묘사하면 안 된다."

"영화 시나리오에 대사가 이렇게 많으면 안 된다."

"연기는 이렇게 하는 것이 정석이다."

"수학을 잘하려면 공식을 이렇게 외워야 한다."

"남자를 고를 때는 내가 좋아하는 사람보다 나를 좋아하는 사람을
선택해야 한다."

"우리 회사에 들어왔으면 이렇게 해야 한다."

"신입사원은 이런 것을 하면 안 된다."

'이렇게 해야 한다' 혹은 '이렇게 하면 안 된다'로 요약되는 규칙 같은 이야기는 당위성을 전제로 하고 있고, 말하는 사람의 사회적 지위와 경험을 존중할 경우 맞는 이야기로 받아들여진다. 규칙이나 규범을 넘어 절대 진리처럼 생각하게 되는 이유는 말하는 사람이 확신을 가지고 있기 때문이다. 그 이야기를 듣는 내가 따르지 않거나 인정하지 못하겠는 표정을 지을 경우 바로 비난과 훈계를 받는다. 그런 훈계를 따르다 보면 어느새 잘못했다는 반성을 하며 죄책감과 피해의식을 동시에 느끼고 있는 나를 발견할 수 있다는데, 이런 경험은 나를 불필요하게 위축시키며 나의 잠재력과 가능성을 믿지 못하고 좌절하게 만들 수도 있다.

소속감과
인정받고 싶은 욕구

- 상대의 기준에 맞추려고 한다

　　　　　제3자의 객관적 시각으로 보면 한번쯤 왜 그래야만 하는지 의심해 볼 수도 있는데, 의심 없이 절대 진리처럼 따르는 이유 중의 하나는 인정받고 싶은 나의 욕구 때문이다. 내가 존경하는 혹은 나에게 영향력을 미치는 사람에게 인정받는다는 것은 그 사람이 만든 세상에 내가 속한다는 것을 의미하며, 소속의 안정감을 얻을 수 있다는 것을 뜻한다. 그렇기 때문에 많은 사람들은 기준의 타당성을 먼저 검토하기 전에 일단 기준에 맞추려고 한다.

　농업시대, 산업시대의 화두가 배고픔이었다면 정보화시대, 제4차 산업혁명 시대의 화두는 외로움이다. 사회는 고도화됐지만 자신의 존재감에 대해 확신을 가진 사람들은 확연히 줄어들었다. 익명 소통 게시판인 대나무숲(대숲)에서 흔히 볼 수 있듯이 명문대학

재학생들에게도 자존감이 매우 큰 당면과제인데, 명문대 재학생까지도 이렇게 될 것이라는 점은 불과 일이십 년 전만해도 생각하기 힘들었다.

소속감과 인정받고 싶은 욕구는 단순히 심리적인 욕구가 아니라 21세기를 사는 사람들을 버틸 수 있게 만드는 생존의 욕구일 수 있다. 그렇기 때문에 힘이니 권위가 있는 사람의 말을 진리라고 믿으면서 상대에게 기준을 맞추려고 하게 되는 것이다. 상대에게 기준을 맞추는 것 자체로 문제가 되는 것은 아니지만, 그러면서 불필요하게 좌절감과 죄책감을 갖게 된다는 점은 이제 개인의 문제를 넘어 사회 문제로까지 발전할 위험성에 놓여 있다.

이상적인 대상에
대한 환상

- 나를 훼손하는 방법을 선택한다

대부분의 사람들은 자존감이 부족하기 때문에 나의 자존감을 대신 지켜줄 대상을 선택한다. 공감의 중요성을 강조해 자기심리학을 발전시킨 대상관계이론(Object Relations Theory) 심리학자 하인즈 코헛(Heinz Kohut)의 '자기대상(self object)'이라는 개념을 적용하면, 이상화 자기대상(idealizing self object)으로 여기고 있기 때문이다. 자기대상에는 거울 자기대상(mirroring self object)과 쌍둥이 자기대상(twinship self object)도 있다.

이상화 자기대상은 자기는 힘없고 나약하다고 느낄 때 이를 극복하기 위한 방법으로, 강하고 힘이 있고 완벽하고 전능한 이미지의 대상에 자기를 융합해 불안한 느낌을 줄이기 위해 찾는 대상을 뜻하는데, 자기도 모르게 자기의 내면이 이상화 자기대상으로 삼은 상대를 훼손할 경우 그를 이상적으로 여긴 나는 하나도 남아 있지 않고 물거품처럼 사라질 수 있다는 두려움을 내면 깊숙이 느낄 수 있다. 이상적인 대상이 훼손된다면 그보다도 못하다고 생각되는 나는 하나도 남아 있지 않게 될 수 있다고 느낄 수 있는 것이다. 상대를 훼손할 수 없으니 대신 나를 훼손하게 되는 것인데, 그렇기 위해서는 꺼림칙한 생각이 들어도 상대의 취향조차 절대 진리라고 믿게 되는 것이고, 그러면서 나는 스스로 상처받는 것이다.

상대의 성향이자 취향을 절대 진리로 받아들이게 만드는 것은 상대방이기도 하지만, 일정 부분 내가 그렇게 만들기도 한다는 점은 반드시 짚고 넘어갈 필요가 있다. 물론 이런 나의 선택은 의식적으로 이뤄지기보다는 무의식적으로 이뤄지기 때문에 내가 그렇게 하고 있다는 것을 나의 의식은 모를 수 있다. 무의식은 알아도 의식은 모르는 나의 선택과 행동은 특별한 계기가 생기지 않으면 평생 지속될 수도 있는데, 그럴 수 있다는 가능성을 내게 가정해 적용해 보는 것만으로도 개선이 시작될 수 있다.

상대를 이상화 자기대상으로 선택해 상대의 취향까지 절대 진리로 여기게 되고 그로 인해 내가 상처받는 것은 내가 자존감이 높아지면 자연스럽게 해결될 수 있는 사항이긴 한데, 문제는 오랜 기간 지속적으로 떨어져 이제 익숙해진 부족한 나의 자존감이 그렇게 쉽게 회복될 가능성이 보이지 않는다는 것이다. 아직 이해가 충분히 되지 않거나 아직 인정할 수 없더라도 한 번 소리 내서 외쳐보자.

"상처받지 마라. 절대 진리가 아닌 취향일 뿐이다."
"절대 진리처럼 말하는 대부분이 그냥 그 사람의 취향일 뿐이다."

　지금 이 글을 읽는 독자 중에는 큰 소리로 읽은 사람도 있겠지만, 독백을 하듯 입모양으로만 살짝 읽는 사람도 있을 것이고, 소리 내서 읽지 않고 눈으로 읽는 것만으로도 충분하다는 자신감에 실행에 옮기지 않은 사람도 있을 것이다. 방금 전까지는 어떤 선택을 했든지 간에, 이 책을 여기서 덮을 게 아니라 끝까지 읽을 마음이 있으면 다시 한 번 크게 소리 내서 외쳐보자.

"상처받지 마라. 절대 진리가 아닌 취향일 뿐이다."
"절대 진리처럼 말하는 대부분이 그냥 그 사람의 취향일 뿐이다."

　두 번을 소리 내서 읽어도 쉽게 믿음과 확신이 생기지 않을 수 있다. 생각해 보면 그 사람의 취향이 아니라 절대 진리가 맞는 게 아닌가 의심이 들 수도 있다. 이때가 가장 중요하다. 내 의식이 아닌 무의식까지 다 들을 수 있도록 의식적으로 더 크게 소리 내서 외쳐보자.

"상처받지 마라. 절대 진리가 아닌 취향일 뿐이다."
"절대 진리처럼 말하는 대부분이 그냥 그 사람의 취향일 뿐이다."

생각이나 기준이면
그나마 괜찮다

　　　　논리적으로 따지기를 좋아하는 사람은 상대의 말이 절대 진리는 아닐지라도 취향일 뿐이라고 폄하하는 것은 공정하지 않다고 사고할 수도 있다. 상대방의 생각이나 기준이라고 말할 수도 있는데 그렇다면 그나마 괜찮다고 여길 수 있다. 그런데 생각이나 기준도 진리가 아닌 취향이나 성향의 문제일 가능성도 많다.

　같은 분야의 학문에 학파가 나눠지는 것도 진리를 보는 기준이 다르기 때문일 수 있지만, 동일 학파가 공통적으로 가지고 있는 성향과 취향 때문일 수 있다는 것을 고려할 필요가 있다. 많은 사람들이 법을 절대 진리처럼 생각하는 게 일반적인 현상이다. 법이 만약 절대 진리라면 변호사, 검사, 판사가 공방을 벌일 필요가 없고, 제1심, 제2심, 제3심이 나눠질 필요도 없으며, 제1심, 제2심, 제3심의 판결이 달라지는 것 또한 불합리한 것이다. 재판관의 철학과 성

　상처받지 마라,
　　　취향일 뿐이다

향, 취향에 따라 다르게 해석되고 적용될 수 있는데, 철학과 성향이 그렇다고 말할 수는 있지만 취향의 문제는 아니라고 발끈하며 말하는 사람이 있을 수도 있다. 그렇지만 객관적으로 차분히 살펴보면 많은 부분 취향도 반영되는 것이 현실이다.

수녀는 정숙해야 한다?
수녀가 스웩 넘치면 안 되나?

뮤지컬 〈시스터 액트〉는 많은 버전이 있는데, 국내 최초 내한 공연으로 블루스 퀘어 인터파크홀에서 공연된 버전을 기준으로 살펴보려고 한다. 영화 〈시스터 액트〉에서 들로리스 역을 맡았던 우피 골드버그가 프로듀서로 제작에 참여했고, 제리 작스 연출, 알란 멘켄 작곡으로 무대에 오른 작품이다. 메리 로버트 견습 수녀 역에 한국인 김소향(Sophie Kim)이 참여해 존재감을 발휘한다는 점 또한 국내외에서 주목받기도 했다.

클럽에서 삼류 가수로 일하는 들로리스는 우연히 암흑가의 거물인 커티스의 범죄 현장을 목격한다. 잡히기만 하면 당장 목이 비틀릴 위기에 놓인 그녀는 그 순간부터 쫓기는 신세가 된다. 이런 사실을 경찰에 신고한 들로리스는 자기가 증인이 될 것을 약속하고 경찰의 보호를 받는데, 경찰에서는 그 누구도 상상할 수 없는 곳, 커티스가 절대 찾을 수 없는 곳, 외부와 단절된 수녀원에 들로리스를 숨긴다.

수녀로 변신한 들로리스는 엄격한 생활방식과 보수적인 수녀원장의 감시 아래 답답함을 느끼며 몸부림치기 시작한다. 수녀원에서 매일매일 말썽을 피우던 어느 날 들로리스의 손에 성가대 지휘봉이 주어지고 그녀만의 넘치는 에너지와 매력적인 목소리로 성가대를 재미있고 파격적으로 변화하게 해 큰 감동을 선사한다. 이를 계기로 들로리스는 수녀원에서 유명인사가 되지만 매스컴에 노출되면서 그녀의 위장이 들통나 위험에 빠지게 된다.

실제로 〈시스터 액트〉나 그 시리즈, 혹은 영화를 본 관객뿐만 아니라 아직 작품을 접하지 않은 예비 관객들도 수녀원에 처음 들어가 들로리스가 어떤 말을 들었을지 충분히 예상할 수 있고, 그 예상은 대부분 맞을 것이다. "수녀는 이래야 한다", "수녀는 이렇게 하면 안 된다"라는 이야기가 주를 이루는데 예를 들면 "밥 먹을 때 수녀는 정숙해야 한다", "성가대는 경건하고 차분하게 노래를 불러야 한다"라는 말이다. 수녀원에서 수녀원장이 하는 말은 말 그대로 절대 진리로 받아들이게 되는데, 처음에는 저항하던 들로리스도 반복적으로 이야기를 들으면서 스스로의 행동을 꾸짖기 시작했고 자기는 수녀원에 적응하지 못하는 낙오자라는 생각에 수녀원을 나가겠다고 결심한다. 수녀원은 보호받을 수 있는 곳이고 밖으로 나가면 생명이 위험해지지만. 수녀원장의 확고한 훈계를 비난으로 받아들이는 들로리스는 초라한 자신을 견딜 수 없어 수녀원을 나가려는 것이다. 한순간의 마음일 수도 있지만, 있는 그대로의 자신을 모두 지워버리고 바꾸고 없애야 한다는 것이 죽기보다 더 힘들거나 비참했기 때문일 것이다.

'스웩(swag) 넘치는 그녀들이 온다!'는 〈시스터 액트〉 홍보자료에서 공식적으로 사용한 표현이다. 스웩은 본래 셰익스피어의 희곡에서 '건들거리다'라는 의미로 사용됐고, 요즘에는 힙합 용어로 힙합 뮤지션이 잘난척하는 허세의 모습을 표현하는 데 사용되는데, 나쁜 뉘앙스가 아닌 반항적이며 일탈적이라는 뉘앙스로 사용된다. 들로리스가 스웩 넘치는 모습으로 성가대를 활기차게 바꾸고 예배도 활성화되면서, 수녀원장의 절대 진리는 상당부분 그녀의 선택이자 성향이며 취향이었던 것으로 드러난다.

결과만 놓고 보면 스웩 넘친다고 표현할 수 있는 강한 개성과 추진력을 가진 들로리스이기에 막강한 수녀원장에게 대항할 수 있었다고 말할 수 있다. 그런데 과정을 보면 들로리스는 수녀원장의 상대가 되지 않았다. 아무리 들로리스라고 하더라도 그 분야에서 앞서 가며 자리 잡은 사람을 거역하기는 어려웠던 것이다. 뮤지컬을 관람하면서 들로리스의 성격을 직접 본 관객에게 자기가 들로리스보다 강한지 아닌지를 묻는다면, 대부분의 사람들은 자기가 훨씬 약하다고 대답할 것이다. 겸손한 표현을 하는 사람도 더러 있을 수는 있겠지만, 대부분의 사람들은 소심하거나 사회생활을 하면서 소심해졌기 때문이다. 들로리스 또한 본인이 잘못했다고 느끼게 만드는 표현들을 견디기 힘들어 차라리 죽음의 위험을 무릅쓰는 선택을 할 정도인데, 평범한 일반인의 입장에서 나를 말로 진압하는 사람의 이야기가 단지 취향이라고 쉽게 생각하며 받아들일 수 있을까? 고정관념에 쌓여 지낸 시간의 깊이와 양만큼 노력하겠다는 마음의 결심이 있어야 할 것이다.

상처받지 마라,
                     취향일 뿐이다

소속감과
인정받고 싶은 욕구

두번째생각 제작, 김태형 연출, 오세혁 작/작사, 다미로 작곡/음악감독의 <홀연했던 사나이>는 충무아트센터 중극장 블랙에서 공연된 뮤지컬이다. 1987년, 모든 것이 변하던 그 시대에, 불안한 꿈을 안고 살았던 샛별 다방에 확연히 아주 몹시 다른, 어느 날 홀연히 나타난 사나이(정민, 박민성, 오종혁 분)는 스스로를 영화감독이라고 말하면서 사람들에게 영화배우가 될 수 있다는 꿈을 심어준다. 미래에서 1987년으로 넘어간 어른아이 승돌(유승현, 박정원, 강영석 분)은 사나이가 가짜라는 것을 알고 있지만 다른 사람들은 모두 사나이가 절대 진리처럼 확신 있게 말하는 이야기에 넘어간다.

아들 승돌을 데리고 억척스럽게 다방을 운영하는 마담 홍미희(임진아, 임강희 분), 전교조 활동으로 낙인 찍혀 교감이 되지 못한 만년 선생 황태일(박정표, 윤석원 분), 지리한 현실 속에서도 아름다운 사랑과 영화배우의 꿈을 간직한 김꽃님(백은혜, 하현지 분), 어머니에게 돌아갈 날과 꽃님이에 대한 사랑을 꿈꾸는 청년 고만태(장민수,

김현진 분)는 사나이가 말하는 영화 이야기를 굳게 믿는다. 충분히 의심할 만도 한데 그러지 않고, 심지어는 사나이가 진짜가 아닐 수 있다는 것을 알면서도 사나이를 끝까지 따른다. 사나이가 말하는 영화에서 주인공이 될 수 있다는 허황된 꿈 때문일 수도 있지만, 홀연했던 사나이의 영화 세상에 속한다고 생각했을 때 각자는 편안하고 안정감을 느꼈고, 그때까지는 칭찬받지 못하고 인정받지 못하며 살아왔기에 사나이에게 받는 인정을 절대 뿌리치고 싶지 않았던 것이다. 사람들이 사나이의 기준에 맞추려고 한 것은, 단순히 속아서가 아니라 어쨌든 그가 제시하는 멋진 세상에 속하고 싶었고 그에게 인정받고 싶었기 때문이다.

〈홀연했던 사나이〉에서 수족관을 나온 물고기는 상징적인 의미를 가지는데, 기세 좋은 물고기가 되기를 꿈꾸는 우리 속의 환상과 이제는 꺼내어 말하기조차 민망한 꿈이 대비된다. 금붕어는 바다를 바라봐도 되는 걸까? 바다를 기억해도 되는 걸까? 꿈의 당위성을 스스로 납득시켜야 되는 세상, 꿈을 허락받아야 되는 현실을 뮤지컬은 상징적이면서도 현실적으로 담고 있다.

사나이는 다방에서 커피, 김치, 라면을 공짜로 얻어먹으려는 단순한 소시민적 사기꾼이라고 볼 수도 있지만, 실제로 작가, 심리상담가, 모티베이터, 꿈을 주는 사람의 역할을 하고 있다. 그 사람이 누군가인가보다 그 사람에게서 무엇을 받을 수 있는가가 더 중요할 수도 있다는 것을 이 작품은 생각하게 만드는데, 사나이는 소속감과 인정받고 싶은 사람들의 욕구를 이용했다고 볼 수도 있지만 충족시켜주기 위해 노력했다고 볼 수도 있다. 다른 사람들이 사나이의 기준에 맞추려고 한 이유는 영화에 출연하기 위해서이기도 하지만, 그들의 내면을 가장 잘 파악하고 그들이 원하는 것을 계속 말해줬기 때문이기도 하다. 사람들은 언젠가 그 꿈에서 깰 것이라는 것을 알면서도 꿈을 꾸고 싶어 한다는 것을 사나이는 알고 있다. 뮤지컬에서 사나이는 과정이 어찌됐든 결국 긍정적인 영향을 사람들에게 주었는데, 실제 현실에서는 소속감과 인정받고 싶은 욕구를 악용하는 경우도 많이 있다는 점을 짚고 넘어갈 필요가 있다.

자기 스스로를 훼손한 용아저씨

조남국 연출, 최진원 극본, JTBC 금토드라마 <언터처블>은 죽음보다 깊은 상처를 남긴 사랑, 애증을 넘나드는 혈투와 암투의 엇갈린 두 형제, 북천시를 둘러싼 악행과 욕망의 역사 및 이와의 단절을 시도하는 사람들의 이야기를 담았다. 가상의 도시 북천시를 3대에 걸쳐 지배하고 있는 장씨 일가를 둘러싼 권력 암투와 숨겨진 비밀을 담고 있는 이야기이다. 완벽한 대상이라고 생각한 상대방이 더 이상 완전한 존재가 아니라는 것을 알게 됐더라도, 그 상대방을 저버리거나 훼손할 경우 그간 충성하며 믿고 따랐던 시간들을 부정해야 하는데 그렇게 될 경우 자기 자신은 하나도 남아 있지 않다고 느끼는 인물들이 많이 등장한다. 빠르고 명쾌한 이야기의 진행을 뜻하는 사이다 전개를 원하는 시청자들을 매우 답답하게 만드는 답답함을 뜻하는 '고구마 전개'에 대한 불만을 토로하게 만들기도 했던 이런 설정은, 실제로는 인간의 내면 심리를 고려할 때 무척 현실적으로 묘사되고 있는 것이다. 상대방을 훼손할 수 없어서 나를 훼손하는 것은 특이한 사람들에게나 해당되는 것이 아니냐고 반문할 수도 있지만, 그런 선택을 의식이 하는 게 아니라 무의식이 한다는 점을 알면 쉽게 이해할 수 있다. 무의식이 하는 그런 선택은 그 나름대로 최선을 다한 선택이라고 볼 수 있다.

서울 시경 광역수사대 팀장 장준서(진구 분)가 미치도록 사랑했던 아내 윤정혜(경수진 분)는 직업도 나이도 이름도 모두 가짜였다. 사랑마저 가짜라고 믿기엔 너무 절실했던 사랑이었고, 잊고 묻어두기엔 너무나 애틋한 인생 단 하나의 사랑이었다. 준서는 죽은 아내의 진심을 찾아서 긴 여정을 시작한다. 알아야 했다. 그녀의 마지막 진심을 알아야 그 사랑을 접는다. 준서에게는 아내의 죽음 뒤에 가족과의 처절한 전쟁터가 기다리고 있었는데, 북천시의 경제적, 정신적 지주였지만 그 이면에 추악한 폭군의 모습을 갖고 있던 아버지 장범호(박근형 분)와 그런 아버지 밑에서 약해지지 않기 위해 악해져야 했던 괴물로 변해버린 형 장기서(김성균 분)와 마찰과 대결을 할 수밖에 없다. 준서는 아내의 진심, 죽음의 진실을 알아내기 위해서, 가족이 만든 폭력의 역사를 끊어내기 위해서 전쟁에서 이겨야 한다고 결심한다. 부당하게 얻은 권력을 계속해서 세습하는 뿌리 깊은 악행의 역사는 장씨 일가가 북천시를 장악하게 만드는데, 북천시를 한 나라, 즉 대한민국의 축소판이라고 봐도 이야기는 잘 맞아 들어간다.

용아저씨라고 불리는 용학수(신정근 분)는 북천해양 인력사업부 부장이다. 장범호가 거느리고 있는 어둠의 군대에서 행동대장 역할을 맡고 있는 사람이다. 20대 초반부터 장범호의 측근으로 활약했고, 기서와 준서의 어린 시절에도 그들의 아버지 옆에 그림자처럼 붙어 있었던 인물이다. 공식 직책은 인력사업부 주장이지만 장범호가 살아 있을 땐 그에게 비서처럼 따라붙었고, 사후에는 장기서의 보좌 역할을 하는 것처럼 보였지만 실제로는 장범호의 아바타였다. 흑룡도 출신의 대표적인 인물이라는 점에 주목할 필요가 있다.

용학수는 장범호를 끝까지 지키려는 모습을 보여줬다. 장범호가 죽은 것으로 위장했을 때도 모든 뒤처리를 했고 다른 사람이 장범호를 배신했을 때도 끝까지 장범호를 보호하려 했다. 마지막 회에서 박근형을 자기의 총으로 쏴 죽인 것을 보고 용학수가 최종적으로 뉘우치고 악의 근원을 끊은 것이라고 보는 사람도 있겠지만, 그 순간에도 용학수는 박근형을 보호하고 보존하기 위해 최선을 다한 것이다. 경찰에 잡혀가는 것부터 그 이후에 조사와 처벌 과정에서 무너질 장범호의 이미지를 용학수는 감당할 수 없었을 것이다. 마지막에 장범호를 자신의 총으로 처리한 것도 장범호가 다른 사람들 앞에서 훼손되는 모습을 보이게 하지 않으려는 의도가 강했던 것이다. 용학수가 장범호를 끝까지 케어한 것은 충성심 때문이기도 하지만, 우상화된 장범호를 훼손할 경우 자기의 평생을 바쳐 온 대상이 훼손되는 것이기 때문에 그럴 경우 용학수는 자기 자신은 하나도 남아 있지 않다고 느끼게 되는 것을 두려워했기 때문이기도 하다. 장범호는 죄가 없고 스스로 과도한 충성심을 행한 자기의 잘못이라고 말하는 것은, 표면적으로는 장범호를 보호하기 위한 것이지만 내면적으로는 자기의 심리적 기반과 지지선을 지키려는 심리적 생존의 선택이라고 보는 것이 더 타당할 것이다.

〈언터처블〉에서 등장인물의 캐릭터는 일정하게 기준을 잡고 있으면서 이야기가 반전이 되는 게 아니라 캐릭터와 스토리텔링이 같이 바뀐다는 점이 눈에 띄는데 마지막 회(제16회)에서는 더욱 그러했다. 용학수 캐릭터 변화는 눈에 띄는데, 제15회에서는 배신자가 될 것이라는 것을 암시했다가 제16회에서는 배신자인 것처럼 보이는 진짜 충신의 모습을 보였다. 중요한 포인트는 용학수가 두 번 마음을 크게 바꿔 반전을 이뤘다기보다는 이랬다저랬다 했던 것처럼 보인다는 것이고, 그렇지 않다면 시청자들에게 오해하게 만들기 위해 트릭을 썼다는 것이다. 반전의 경우 반전이 일어난 후 감탄하게 되는데, 무언가 속았다는 배신감이 느껴진다면 그건 반전의 묘미를 제대로 살린 것이 아니기 때문이다. 장범호를 훼손하면 자기에게 하나도 남는 것이 없고 지난날 충성했던 시간이 모두 의미 없게 된다는 것을 드라마 속에서 용학수의 내면과 무의식은 잘 알고 있었을 것이다. 그래서 장범호가 더 이상 훼손되지 않게 하기 위해 장범호를 죽였고, 법정에서도 자기가 지나친 충성심으로 저지른 일이라고 하며 장범호를 보호한 것이다. 모든 것이 무너져 내려 지난 시절에 대해 모두 부정해야 할 수도 있는 견딜 수 없는 상황을 회피하기 위해, 용학수는 나름대로 자기의 기준으로 최선을 다한 선택을 한 것이다.

용학수 이외에도 장범호를 훼손할 수 없었던 대표적인 인물은 큰 아들인 기서이다. 첫 방송(제1회)부터 드라마는 파국을 향해 질주했는데 파국의 직접적인 원인과 파국을 격발시킨 트리거 역할을 한 것은 기서의 낮은 자존감으로 볼 수 있다. 권력 암투라는 측면에서 볼 때 전체적으로는 이해가 될 수 있지만, 작은 에피소드와 디테일에 있어서는 일관성이 없다고 느껴질 정도로 이해하기 어려운 부분이 있을 수도 있는데, 권력 암투보다 김성균의 자존감이라는 측면에서 살펴볼 때 더욱 개연성을 느끼며 공감할 수 있다. 드라마가 종영된 후 이런 시야는 더욱 설득력을 얻고 있다.

기서는 어릴 적에 아버지가 사람을 죽이는 것을 목격하고 그 자리에서 오줌을 지린다. 충격에 의해 몸이 경직되는 동결 반응을 보인 것이다. 어린 시절부터 아버지의 행동에 명확한 반기를 든 동생 준서에 비해 존재감이 없었던 기서는 자라나서도 아버지에게 인정을 받지 못한다. 동결 반응은 감당할 수 없는 충격적인 사건이 벌어졌을 때 아무런 반응을 하지 못한 채 얼어버리는 것을 뜻한다. 동결 반응이 나타나는 이유는 마음속 공포와 불안이다. 원시시대에 곰이나 호랑이와 마주쳤을 때 도망가거나 저항하려는 사람들은 모두 죽었지만, 너무 무서워서 죽은 것처럼 기절해버린 사람은 살아나게 됐는데 그 살아남은 사람들의 유전자에 저장된 공포와 불안이 동결 반응으로 나타난다는 것이다. 끔찍한 폭행을 당하고도 저항하지 않은 경우, 저항하지 않고 당하기만 한 사람에게 왜 저항하지 않았냐고 비난하는 사람이 있을 수도 있는데 동결 반응의 원리와 이유를 전혀 모르고 하는 무식한 반응이다.

건강한 체격의 남자가 칼로 복부를 12방 찔렸는데 전혀 저항하지 않았다는 것과 같은 영화 장면이나 뉴스를 종종 접할 수 있다. 훨씬 더 크고 강한 인물에 의해 가해를 당한 것이 아닌, 가해자의 체격이 왜소했을 때도 같은 상황이 발생하는데, 이런 것이 대표적인 동결 반응의 예이다. 다수의 강력계 형사의 증언을 조합하면 예상치 못했을 때 복부에 칼이 들어오면 그 순간 피해자는 얼음처럼 굳어버린다고 한다. 그 순간 얼마나 큰 극도의 공포와 불안이 엄습했으면 동결 반응이 일어났을까 생각하면 마음이 너무 아프다. 슈퍼히어로가 아닌 사람이 가해자에 의해 크게 다쳤을 경우, 바로 옆에 폰이 있어도 119, 911에 구급 요청 전화를 하지 못하는 것은 이야기를 극적으로 몰아가기 위한 억지 설정이 아니라 피해자의 내면 심리를 정확하게 반영하고 있는 현실적인 표현인 것이다.

동결 반응의 원리와 이유를 알지 못하면 성폭행을 당한 사람에 대해 본의 아닌 제2차 가해를 저지를 수도 있다. 피해자를 비난할 뜻이 전혀 없고 실제로 피해자가 너무 안타깝기 때문에 좋은 의도에서 걱정하려고 하면서 한 말이라고 할지라도, 또 다른 상처를 줄 수도 있다. 소리를 지르거나 저항하면 되지 왜 가만히 있었냐고 말하거나 말로 꺼내지는 않더라도 속으로 그렇게 생각하는 사람들은 실제로 많다. 적극적으로 저항하지 않았기 때문에 일정 부분 피해자 책임이라고 말하는 사람도 있다. 저항하지 않은 게 아니라 움직이지도 못할 정도로 무서워서, 저항하다가 진짜 죽을 수도 있다고 느껴지기에 저항하지도 못한 것이다. 의식은 그런 상황에 저항하고 싶었지만 너무 무섭기 때문에, 무의식이 동결 반응을 일으키게 만든다는 것을 모르고 하는 말들은 피해자를 두 번 죽일 수 있다. 뉴스에 보면 피해자가 싫다는데 억지로 한 것이 아니라고 말하며 억울하다는 가해자도 있는데 이 또한 동결 반응을 전혀 고려하지 않았기 때문에 나오는 왜곡된 인지이다. 가해자는 동결 반응 이후에 피해자가 더 이상 저항하지 못했다는 것만 기억할 뿐, 저항하지도 못할 정도로 자기가 피해자에게 극심한 공포와 불안을 준 것을 생각하지도 않은 것이다.

동결 반응의 원리와 이유를 알고 나서 반응을 하면 트라우마를 겪는 사람들에게 본의 아니게 저지르는 제2차 가해를 현저하게 줄일 수 있다. 피해 사실을 주변에 말하지 못하는 사람들은 가까운 사람들의 반응이 두려워서 그렇게 행동하는 경우도 많은데, 주변에서는 위로한다고 한 말이 상처가 되기 때문이기도 하다. 트라우마를 겪을 정도로 극심한 고통에 처해 있는 사람에게 제대로 된 위로와 보호를 하려면 동결 반응의 원리와 이유를 비롯해 감당할 수 없을 정도의 공포 상황에서 내면 심리가 무의식적으로 어떤 선택을 하는지 아는 것이 좋다.

〈언터처블〉에서 기서가 여자의 몸에 위력으로 문신을 새기는 것은 인정받지 못하는 자신을 억지로 인정받은 것처럼 만들려는 잘못된 징표라고 볼 수 있다. 아버지를 비롯한 주변 사람들에게 인정받지 못한 기서는 어릴 때 동결 및 회피를 선택했고, 성인이 된 이후에는 외부에서 인정받지 못하는 자존감을 스스로 인정하기 위해 막무가내적인 행동을 하게 된 것이다. 여자의 몸에 죽음을 뜻하는 문신을 새기는 것은 사이코패스적인 행동으로 볼 수도 있지만, 인정받지 못하는 자신의 자존감을 스스로 만들기 위한 발악이라고 볼 수도 있다.

〈언터처블〉 제5회에서 기서는 "그 아버지가 이 자리에서 너와 나 둘로 쪼개져서 살아난 거야. 앞으로 같은 꿈을 꾸자"라고 동생인 준서에게 말한다. 기서는 자신이 되고 싶은 대상이자 목표는 아버지인 장범호라는 것을 명확하게 밝히고 있는 것인데, 그런 아버지의 기질을 자신이 온전히 물려받지 못했다는 것 또한 인지하고 있다. 아버지의 기질을 그대로 물려받지 못하고, 아버지에게 인정받지 못했지만 기서는 아버지를 버릴 수 없는 것이다. 아버지를 이상화 자기대상으로 여기고 있기 때문에 아버지를 저버리는 순간 자기에게 남는 것은 없다고 생각하기 때문이다. 아버지가 자기를 신임하지 않는다고 하더라도 그걸 아버지에 대한 미움과 저항으로 표출하지 않기로 내면에서 선택한 것이다.

기서의 입장에서는 자기가 현재 추구하는 가치를 유지하기 위해서는 아버지를 절대 훼손해서는 안 되고, 자기가 부족한 것으로 만들어야 하는 것이다. 그것이 자기를 지키는 최선의 방법이라는 것을 몸으로 알아채고 있는 것이다. "아버지를 버리면 나를 버리는 거니까"라면서 "내게서 아버지를 터는 방법은 하나야. 내가 아버지가 되는 거니까"라고 말하는데, 돌아가신 아버지에게 인정받을 수 있는 유일한 방법은 자기가 아버지가 돼 자기를 스스로 인정하는 것이라고 기서의 의식과 무의식이 동시에 선택한다는 것을 알 수 있다. 기서가 준서에게 "너도 가서 거울을 봐라. 거기 아버지가 있을 거니까"라고 말하는데, 이는 준서에게도 아버지 같은 면이

있다는 것을 직면시킴과 동시에 자기의 현 모습에 대한 정당성을 부여하려는 태도
도 볼 수 있다.

[사례 1-4] 연극 <대학살의 신>

유치찬란한 설전은 마치
우리들의 이야기 같다

신시컴퍼니 제작, 김태훈 연출의 <대학살의 신>은 야스미나 레자의 희극을 원작으로 한 연극으로 예술의전당 자유소극장에서 공연된 작품이다. 애들 싸움이 어른 싸움으로 번지는 과정을 통해 위선과 가식으로 뒤범벅된 인간의 민낯을 까발리고 있는데, 촘촘한 구성의 텍스트와 통쾌하게 밀어붙이는 배우들의 에너지가 공연 그 자체가 되는 작품으로 평가받고 있다.

까칠한 속물 변호사 알렝(남경주 분)과 지킬 앤 하이드처럼 변신을 하는 부인 아네뜨(최정원 분), 똑똑한 척, 고상한 척하는 베로니끄(이지하 분), 평화주의자의 가면을 쓴 남자 미셸(송일국 분)은 각자 확고한 생각이나 기준을 가지고 논리적으로 이야기하고 있는 것처럼 보인다. 네 명 각자의 생각이나 기준이 보편적인 진리의 영역에 속하는지 아니면 고유의 개인적 선택인지 궁금해하면서 관객은 관람할 수 있는데, 논쟁이 지속되면서 생각이나 기준으로 포장된 단지 취향과 성향, 성격이라는 것이 드러난다. 어떤 특정한 인물에 감정이입해 그의 논리를 따라가고 있던 관객은 공연을 보면서 생각과 감정이 몇 번 멈출 수 있다.

싸움 구경하는 것만큼 재미있는 것이 없다는 말이 있다. 이 작품의 부제는 '매너 있는 두 부부의, 매너 없는 썰전!'이다. 부제에 포함된 '매너'라는 단어가 첫 번째로 쓰였을 때는 '(보이는 형식적) 매너'이고, 두 번째로 쓰였을 때는 '(더 깊은 내면의 진짜) 매너'라고 해석하면 더욱 와닿는 공연이다. '보이는 형식적 매너는 있는 두 부부의, 더 깊은 내면의 진짜 매너는 없는 썰전!'이라고 요약하면 이 작품을 절대 진리와 취향을 비교하는 관점으로 바라보는 것이 편해진다.

〈대학살의 신〉은 제목만 보면 엄청 험악할 것 같은 공연이지만, 실제 관람하면 정말 재미있는 관람 시간을 경험하게 만든다. 고품격 코미디는 연극이란 장르의 즐거움을 오롯이 관객들에게 전달한다. 〈대학살의 신〉은 공연 시작 전 아이들이 떠드는 소리가 공연장에 먼저 들린다. 소음, 떠드는 소리를 음향 효과로 사용했다는 점이 인상적인데, 공연 전 과도한 침묵으로 인한 긴장감을 줄이고 공연 분위기를 조성하는 역할을 한다. 공연을 마지막 장면까지 관람한 후, 공연 시작 전 음향 효과를 떠올리면 이 작품이 일관된 흐름으로 진행됐다는 것을 확인할 수 있다. 기본 시야의 반전을 주면서도 일관된 흐름을 유지해 관객들이 배신당한 것같이 느끼지는 않게 했다는 점은 똑똑한 선택이다.

첫 장면에서 남경주, 이지하, 송일국은 모두 다리를 꼬고 앉았는데, 최정원은 가지런한 자세로 앉아 있었다. 다리를 펴고 꼬는 것은 그 당시 등장인물의 내면 심리와 연결해 생각할 수 있는데, 대사가 무척 중요한 연극인 〈대학살의 신〉에서 이런 디테일한 움직임은 대사를 더욱 찰지게 만든다는 점이 주목된다.

가해자의 부모는 피해자의 부모 앞에서 피해자가 된다. 한동안 피해자였던 어른들은 어느 순간 다시 가해자가 된다. 11살의 두 소년 브뤼노와 페르디낭은 놀이터에서 싸우게 되는데, 브뤼노는 페르디앙에게 맞아 이빨 두 개가 부러진다. 가해자인 페르디앙의 부모 알렝과 아네뜨은 피해자 브뤼노의 부모 미셸, 베로니끄을 만나 그들의 언어폭력 앞에서 피해자가 된다. 한 번 바뀌기 시작한 가해자와 피해자의 관계는 극 중 여러 차례 작은 반전을 가져오는데, 칭찬하는 듯하면서 비꼬는 이야기들에 관객들은 크게 공감한다. 실생활에서 우리가 대화를 할 때 진심으로 대하기보다는 이런 식으로 대화하는 시간과 경험이 꽤 있기 때문에 관객들이 그런 공감을 했다고 볼 수 있다. 각자 자기 자신의 입장에서만 이야기를 하면서 꼬리를 무는 주제의 변화에 따라 편이 바뀌는 아이디어도 신선한데, 인과관계의 모순이 불편하기보다는 무척 재미있게 여겨져 웃음 뒤 여운을 남긴다.

〈대학살의 신〉에서의 유치찬란한 설전은 마치 우리들의 일상을 보는 것같이 생각된다. 교양과 매너가 넘치는 것 같지만 내면에는 치사하고 쪼잔한 면이 자리 잡고 있는 우리들의 민낯을 대신 보고 있다고 느껴질 수도 있다. 외부적으로 교양과 매너가 넘치는 태도를 취하고 있기 때문에 다른 사람은 그 사람이 하는 말이 진리라고 받아들일 가능성이 높은데, 그 말이 보편적인 진리가 아닌 단지 취향 언저리의 말이라고 생각될 경우 그 사람이 편협할 수 있다는 위험성을 제기할 수 있지만, 대부분의 경우 바로 확인이 되지는 않고 시간이 지난 후에 알 수 있기 때문에 한동안은 진리일 것이라고 긍정적으로 생각하게 되는 것이 일반적이다.

상처받지 마라,
취향일 뿐이다

제2장

절대 진리가 아닌
특정 상황에서만
맞는 이야기일 수 있다

'$ax^2+bx+c=0$'은 몇 차식일까?

- 가정과 조건이 반드시 존재한다

　　필자가 사회생활을 하다가 직업이 수학 선생님이거나 수학에 통달했다고 자신하는 사람들을 만났을 때 공통적으로 묻는 질문은 "$ax^2+bx+c=0$은 몇 차식입니까?"이다. 2차식이라고 바로 대답하는 사람도 있고, 자기를 무시하는 질문이라고 화를 내는 사람도 있다. 분명 어떤 이유가 있을 것이라고 생각해서 바로 답을 하지 않고 곰곰이 추론하는 사람도 있다. 필자가 만난 사람 중에는 공교롭게도 정확하게 대답하는 사람은 거의 없었는데, 정답을 알려준 후에는 원래 당연히 알고 있었다고 대부분 주장한다는 점이 흥미롭다.

　　"$ax^2+bx+c=0$은 몇 차식입니까?"라는 질문은 단답형 질문이 아니라 여러 가지 가정과 조건을 통해 대답해야 하는 주관식 질문이다. 먼저 'a, b, c가 상수일 때'라는 가정과 '변수 x'라는 가정이 들어가야 한다. 'a=x^2'일 경우 '$ax^2=x^4$'이 되기 때문에 변수 x에 대한 4

차식이 될 수도 있고, 'b=7x⁴'일 경우 'bx=7x⁵'이 되기 때문에 변수 x에 대한 5차식이 될 수 있다. x가 변수가 아닌 상수일 경우 이야기는 다시 달라진다.

"$ax^2+bx+c=0$은 몇 차식입니까?"

① a, b, c가 상수이고 x가 변수일 때, x에 대한 2차식

② b, c가 상수이지만 $a=x^2$인 변수일 경우

　$ax^2+bx+c=x^4+bx+c=0$이기 때문에 x에 대한 4차식

③ a, c가 상수이지만 $b=7x^4$인 변수일 경우

　$ax^2+bx+c=ax^2+7x^5+c=7x^5+ax^2+c=0$이기 때문에 x에 대한 5차식

여기까지 오면, a, b, c가 상수일 때 변수 x에 대해 $ax^2+bx+c=0$은 2차식이라고 당당하게 말할 수도 있는데 맞는 답이 아니다. 상수 a, b, c라는 조건 이외에 $a\neq0$이라는 조건이 추가돼야 2차식이 될 수 있다. 만약 $a=0$이라면 몇 차식이냐고 다시 물으면 대부분 1차식이라고 말하는데, 이것도 맞는 답이 아니다. $a=0$이고 $b\neq0$일 때 1차식이고, $a=0$이고 $b=0$이면 변수의 의미가 없어지는 상수항이 된다. 이쯤 되면 응용을 한다고, $c=0$일 때와 $c\neq0$일 때를 선제적으로 대답하는 사람이 있는데, $a=0$이고 $b=0$이면서 $c\neq0$인 경우는 불가능하다.

"$ax^2+bx+c=0$은 몇 차식입니까?"

① a, b, c가 상수이고 x가 변수일 때, a≠0이면 x에 대한 2차식

② a, b, c가 상수이고 x가 변수일 때, a=0이고 b≠0이면 $ax^2+bx+c=bx+c=0$이 되므로 x에 대한 1차식

③ a, b, c가 상수이고 x가 변수일 때, a=0이고 b=0이면 $ax^2+bx+c=c=0$이 되므로 c=0인 상수항(굳이 말하자면 x에 대한 0차식)

"$ax^2+bx+c=0$은 몇 차식입니까?"라는 간단한 질문에 대답하기 위해서도 가정과 조건이 여러 가지 들어간다. 상대방이 하는 이야기가 취향의 문제가 아닌 진리의 영역에 속하는 이야기라고 할지라도, 어떤 상황이든 맞는 진리가 아닌 특정한 상황에서 가정과 조건이 충족돼야만 하는 진리일 수 있다. 즉, 그에게는 맞는 이야기이지만 나에게는 맞지 않는 이야기일 수 있다. 취향이 아니라는 점을 알게 되고 그에게 맞는 이야기라는 점까지 확인되면, 거기에 부합되지 못한 나 자신에 대한 무시와 비난을 당연한 것처럼 받아들일 수도 있는데, 이것은 정말 위험한 오류일 수 있다. 확인한 후 더 세게 믿는 오류이기 때문이다.

수학이 나와서 반가운 사람도 더러 있겠지만, 머리가 아파지는 독자도 있을 것이다. 수학을 통해 자기가 비난받을 것이라고 지레짐작해 질문 자체에 대한 거부감을 보이는 사람도 있을 수 있다. 필자는 최근에 수학을 좋아하지 않는 사람들에게도 "$ax^2+bx+c=0$

은 몇 차식입니까?"라는 질문을 던지는데, 가정과 조건이 분명히 있다는 것을 염두에 둔다면 세상의 많은 고민이 해결되고 선택을 할 때 분명한 하나의 기준을 가질 수 있다는 점에서 무척 유익하다.

문화예술 리뷰 담당 기자인 필자와 개인적으로 친분이 있는 배우들은, "$ax^2+bx+c=0$은 몇 차식입니까?"라는 질문을 주고받으며 토론을 하고 난 후에 스스로 세운 기준이 큰 도움이 된다고 말한다. 오디션에 지원할 때는 물론이고 배역을 맡은 후에 상황과 캐릭터를 분석할 때, 무조건 하나의 정답이 있는 게 아니라 그 상황이 만들어지기 전까지의 여건과 전제 조건을 모두 고려하는 습관이 생기기 때문에 더욱 몰입돼 만족스러운 연기를 할 수 있다고 한다.

수학 이야기를 잠시 더 하자면, 공식을 외우려고 하지 말고 유도할 줄 알아야 한다. 공식을 외우면 외울 때는 시험을 볼 수 있지만, 그렇게 익힌 지식은 사회생활을 할 때 도움이 되지 않는다. 공식을 유도할 줄 안다는 것은 그 이전의 원리는 물론 가정과 조건을 모두 파악한다는 것을 뜻하기 때문에 수학적 마인드가 생겨 사회생활에 정말 많은 도움을 준다.

공식을 유도할 때 'X, Y, Z'라는 변수를 처음에 사용했다면 그 변수를 'x, y, z'로 바꿔 다시 유도하고, 'A, B, C', 'a, b, c', 'α, β, γ'로 다시 변수를 바꿔 유도해보기를 추천한다. 변수를 바꿨을 때도 익

상처받지 마라,
         취향일 뿐이다

숙해지면, 변수를 다시 'ㄱ, ㄴ, ㄷ'으로 바꾸고, 또 '가, 나, 다'로도 바꾸고 '□, ○, ☆'로도 바꿔서 유도해보기를 강력 추천한다. 이렇게 열 번 정도 변수를 바꾸며 같은 공식을 유도하면, 공식을 외우려고 하지 않았음에도 불구하고 유도하는 과정까지 눈 감고 말로 풀어낼 수 있다. 유도 과정에서의 행간의 의미를 깨닫는 기쁨은 덤이다.

'$ax^2+bx+c=0$'의 개념과
마인드의 습관화

- 누군가 팩트라고 말할 때 그 팩트의 전제 조건과 가정,

이면의 속성을 정확하게 파악할 수 있다

절대 진리인지 취향인지의 이야기로 다시 돌아오면, $ax^2+bx+c=0$은 몇 차식인지의 개념과 마인드를 동일하게 적용해 누가 어떤 이야기를 팩트라고 말할 때 그 팩트의 전제 조건과 가정, 이면의 속성을 정확하게 파악할 수 있다. 그에게 진리라고 할지라도 나에게도 진리일지 또한 판단할 수 있으며, 나는 불필요한 좌절감과 무능력함, 죄책감에서 벗어날 수 있다.

$ax^2+bx+c=0$은 몇 차식인지가 수학적 개념이기 때문에 공부하기를 싫어했던, 수학은 더더욱 싫어했던 배우들에게 어떻게 어필되는지 궁금할 수 있다. 리뷰를 쓰거나 인터뷰를 하면서 개인적으로 친해진 배우들이 공통적으로 필자에게 털어놓는 고민은 연기는 이렇게 하는 것이라며 상처 준 감독, 연출 때문에 잃어버린 자신감,

혼란에 관한 것이다.

　연기는 이렇게 하는 것이라고 말하는 사람들은 예를 들 때 주로 외국 거장의 작품을 사용한다. 그 외국 작품에서 그 캐릭터를 소화할 때는 그렇게 하는 것이 맞을 수 있으나, 상황과 조건이 다른 역할을 하면서 같은 연기를 하도록 주입하는 것은 합리적이지 않다. 그 상황이 되기 위해 이전 장면부터 연속적으로 쌓인 정서와 감정선이 어땠는지, 다른 배역과의 관계에 어떤 암시와 복선이 있었는지가 같지 않기 때문에 무조건 같은 연기를 하도록 디렉팅을 주는 것은 바람직하지 않다.

　다른 감독들과 공통적으로 말하는 내용이 아닌 독특한 철학이나 방법의 경우 그 사람 특유의 노하우일 수도 있지만, 상황에 따른 가정과 조건을 고려하지 않은 과잉 일반화이고, 더 나아가 그냥 취향일 뿐이라고 이야기해주면 배우들은 그 순간부터 마음을 가뒀던 짐에서 벗어나기 시작한다. 절대 진리가 아니라는 것을 한 번도 의심하거나 거절할 생각을 하지 못했었던 것이다. 이럴 줄 알았으면 학교 다닐 때 수학 공부 열심히 할 것 그랬다고 말하는 배우들도 많다. 그리고 그들은 그런 말을 하는 스스로에게 놀란다. 개념과 마인드란 직면해 있는 사람에게는 그만큼 중요한 것이다.

　영화배우, 연극배우 등 예술계에 종사하는 사람들은 잠재적 가능성이 높음에도 불구하고 자신의 예술성을 믿지 못하게 될 위험성이 있다. 내가 지금 인정받지 못하는 이유는 예술성이 전혀 없어서가 아니라, 현재 어떤 과정과 조건에 의해 아직 제대로 발휘되지 못하고 있기 때문이라는 것을 알게 된다면 힘든 시간을 잘 버틸 수 있다. 이는 예술계뿐만 아니라 모든 사람에게 동일하게 적용될 수 있다.

전체 영역에서는
한 가지의 공식이
모두 적용되지 않을 수 있다

- 공식이 적용되는 영역, 영역에 맞는 공식이각각 존재할 수 있다

내가 맞는다고 생각하고 확신까지 있을 경우를 객관적으로 살펴보면, 실제 사례를 통해 확인했거나, 논리적 추론을 통해 결론에 도달했거나, 직관적이고 감각적으로 통찰했을 때일 가능성이 많다. 즉, 어떤 기준과 조건을 통해 검증하고 확인한 후 확신을 가지게 된 것이다. 그렇기 때문에 무조건 '이것은 맞다'고 단정하는 것보다, '어떤 측면에서 봤을 때 맞다', '어떤 기준으로 보면 타당하다'라고 표현하는 것이 합리적이다. 취향이 아니라 진리의 영역에서 표현할 때도 가정과 조건을 분명히 명시하는 습관을 가지면, 실제로 통찰력은 계속 증가할 것이다. 몸에 익힌 마인드는 그냥 머릿속으로만 알고 있는 마인드보다 실행력이 훨씬 크다. 실험을 통해 결과를 도출하는 자연과학, 공학, 생명과학계의 저명한 논문을 보면, 특정한 조건일 때 어떤 구간에서 이런 공식을

도출한다고 표현하는 것을 알 수 있다. 사회과학의 조사통계에서도 가정과 조건을 명확히 해야 적확한 결론을 도출할 수 있고, 과잉 일반화의 오류에서 벗어날 수 있다.

자동차의 엔진을 개발했는데, 우리나라에서만 사용하는 게 아니라 전 세계에 수출하기 위해 온도의 변화에 따른 성능의 실험을 했다고 가정하자. 영하 30도부터 영상 60도까지의 조건에서 5도 간격으로 총 19개 온도 조건에서 실험을 했을 때 효율의 그래프는 직선일 수도 있고, 곡선일 수도 있고, 변곡점이 있는 곡선이 나올 수도 있다. 전체 트렌드를 나타내는 그래프를 도출할 수 있고 영하 20도에서의 실험 결과와 영하 15도에서의 실험 결과가 있기 때문에 영하 17도일 때의 예상 성능은 충분히 예측할 수 있다.

그런데, 만약 이 실험 결과가 이 책을 읽는 당신에게 주어졌고 영하 40도에서는 어떤 성능을 나타낼 것인지 묻는다면 어떻게 대답할 것인가? 뜬금없게 느껴진다면 내가 그 자동차 엔진 회사에 취직을 하려고 지원했는데, 면접에서 이런 질문이 나왔다고 상상하면 된다. 행동력이 빠른 사람은 그래프가 직선이면 직선을 연결하고, 곡선이면 곡선을 연결해 그린 후, 영하 40도에서는 성능이 몇인지 명확한 숫자로 대답할 수 있다. 이제 당신이 면접관이라고 다시 가정하면, 그렇게 대답한 지원자의 대답에 어떤 점수를 줄 것인가? 조건과 가정을 고려하지 않고 대답하거나 평가할 경우, 지원

상처받지 마라,
　　　취향일 뿐이다

자의 대답은 100점이다. 누구보다도 빠른 속도로 대답했다면 판단력을 높게 평가해 가산점을 줄 수도 있다. 그렇지만, 실제 막연하게 그런 판단을 내리면 엄청나게 큰 손실을 회사에 입힐 수 있다. 실험은 영하 30도에서 영상 60도 사이에서 이뤄졌기 때문에, 그 결과의 트렌드가 영하 40도에서도 맞는다는 보장을 어떻게 할 수 있을까? 틀렸을 경우 그 책임을 질 수 있는가? 과잉 일반화 혹은 일반화의 오류에서 오는 판단 오류는 개인, 조직, 회사, 사회에 큰 피해를 입힐 수 있다.

'실험이 영하 30도부터 영상 60도에서 이뤄졌기 때문에 영하 40도에서의 성능을 함부로 예측할 수는 없습니다. 그렇지만 다른 판단 기준이 아직 없을 경우 기존의 그래프를 연결해 성능이 ○○라고 일단 예상할 수는 있습니다. 다만, 정확한 판단을 위해서 영하 35도와 영하 40도에서의 실험을 즉각 실험해 확인할 수 있도록 조치하겠습니다'라고 대답한다면 좋은 점수를 받을 수 있을 것이고, 실제 업무에서도 안전성과 합리성의 근거를 확보할 수 있다. 영하 40도의 실험만 하면 될 텐데 왜 영하 35도의 실험까지 해야 하는지에 대한 의문을 제기하는 사람도 있을 것이다. 기존의 범위 안에서의 확인이라면 원하는 조건에서만 확인해도 충분하겠지만, 기존의 범위를 벗어날 경우 그 지점뿐만 아니라 연속된 과정을 함께 검증하는 것이 오류를 줄이면서 타당한 결론에 도달하는 올바른 선택이다. 이는 과학의 영역에서뿐만 아니라 심리의 영역에서도 마찬

가지로 적용된다. 내가 생각해 본 적도 없고 상상해본 적도 없는 상황에 마주했을 경우 그 지점으로 바로 넘어가 집중해서 일단 판단한 후, 그 중간 조건에 대한 가정과 검증을 통해 일단 판단했던 것이 합리적인지 타당한지 신뢰할 수 있는지 확인하고 확신을 굳히는 습관은 올바른 판단을 돕고 시행착오를 줄일 것이다.

특정상황에
나를 맞출 것인가?

- 아니면 상황을 변화시키기 위해 시도할 것인가?

필자가 만난 많은 배우들은 감독, 연출과의 연기에 대한 갈등을 겪으며 괴로워하는 경우가 많은데, 본인이 맞는지 감독이 맞는지에 대해 확신을 가지지 못하게 될 수밖에 없기 때문이다. 감독의 의견을 따를 것인지 본인의 선택으로 연기할 것인지 고민하기도 하지만, 감독의 의견을 따르게 되면서 자신의 캐릭터에 대한 해석력, 본인의 연기력에 대해 회의감과 자괴감을 가지게 될 수도 있다.

경험도 많고 권력을 가진 감독(사실 이렇게 행동하는 감독은 어설픈 경험과 어설픈 권력을 가졌다고 볼 수 있다)은 배우의 해석을 무시하고 비난하면서 연기는 이렇게 하는 것이라고 절대 진리처럼 말하는데 배우는 이에 상처받을 수 있다. 자신을 캐릭터에 대한 해석력도 제대로 없고 연기의 핵심을 꿰뚫지도 못하는 사람이라고 비하할 수 있기 때문이다. 그런데, 실제 그 감독의 영화와 그 배우가 다른 영화에서 연기한 것을 보면 감독의 선택이 절대적으로 맞는다고 볼 수 없는 경우도 많은 것이 현실이다.

　각자의 경험에 대입하면 필자가 예를 든 감독과 배우의 관계는 회사에서 상관과 나의 관계, 학교 선배와 나의 관계, 부모님과 나의 관계, 선생님과 나의 관계와 마찬가지일 수도 있다. 내가 잘못됐기 때문에 상대에게 맞춰야 한다고 생각하면 마음이 너무 무겁고 스스로가 미워질 수 있는데, 함께 사는 사회에서 취향을 맞춰준다고 생각하면 정말 마음이 편해질 수 있고 선택 또한 쉬워질 수 있다. 실제로 취향일 가능성도 많기 때문이다.

이페르를 개방할 것인가에 대한 가정과 조건

문화공작소 상상마루 제작, 이종석 연출, Marco 작곡, 이지은 대본의 〈캣 조르바: 피타의 퍼즐〉은 강동아트센터 대극장 한강에서 공연된 뮤지컬이다. 고양이 왕국 '이페르'와 인간 세상이 공존하는 세계를 꿈꾸는 이야기로, 캐릭터 개발, 스토리 구성 등 순수 국내 창작으로 세계를 겨냥해 만들었다는 점이 주목되는 작품이다.

수학적 사고방식으로 사건을 해결하는 고양이 탐정 조르바(김순택 분)는 인간 세상과 연결되는 달의 길을 조사하던 중, 이페르 왕국의 거대한 비밀과 숨겨진 음모를 알게 되는 이야기이다. 1347년 중세시대, 인간들의 박해로 고양이들은 인간 세상을 떠나 고양이들만의 왕국 이페르를 설립한다. 수백 년 동안 평화롭기만 한 이페르에 인간 세상에서 온 길고양이 미미(최미소 분)가 찾아와 남편인 오드왕자(서경수 분)가 사라졌다고 소란을 피운다. 수학 퍼즐을 단번에 풀어내는 천재적인 두뇌를 가진 고양이 탐정 조르바는 미미의 안내에 따라 사건을 추적하던 중 고양이 왕국 이페르에 숨겨진 비밀이 있음을 알게 되고 고양이 나라 궁정 마법사 피타(임재현 분)

의 무서운 계략까지 알게 된다.

피타의 계략에 대해 조르바가 어떻게 대처하는가가 이 작품의 주요한 스토리텔링을 만들고 있다. 극중 행동은 조르바와 피타의 대결인데, 기본 가치관은 프레야 (최미용 분)와 피타의 대결이라고 볼 수 있다. 프레야는 고양이 나라 여왕으로 달의 길을 열어 인간 세상의 고양이들과 이페르의 고양이들이 공존할 수 있는 평등하고 행복한 세상을 꿈꾼다. 피타는 인간 세상과의 유일한 통로인 달의 길을 영원히 닫고 고양이 나라를 차지하려는 계획을 세우면서, 이페르를 설립했던 선왕의 취지를 강하게 강조해 고양이들을 설득하려고 한다.

전후 사정, 전제 조건, 근본 취지를 따지지 않고 피타의 의견을 들으면 타당하다고 생각할 수도 있다. 피타가 강한 확신을 가지고 이야기하기 때문에 신뢰해도 될 것 같은 느낌이 든다. 인간들의 박해를 피해 이페르에서 지금까지 잘살아왔고 앞으로도 잘살 수 있을 것이라고 막연히 추정할 수 있다. 프레야의 의견대로 달의 길을 열었을 때 어떤 새로운 위험이 닥칠지 모르는 것도 사실이다. 안전하게 살 수 있는데 왜 변화를 그것도 이페르를 크게 흔들 수도 있는 변화를 취해야 하는지에 대해 피타처럼 의문을 가질 수도 있다. 피타처럼 자기의 사욕을 숨기고 행동하지 않을지라도, 실제로 변화를 두려워하는 많은 사람들은 피타와 같은 사고 체계로 본인의 의지를 합리화하는 경향이 많다.

여기서 놓치지 말아야 할 점은 상황이 바뀌었다는 점이다. 이페르를 설립했을 때와 이페르 내부의 환경은 다르고, 인간 세상에서도 그 옛날처럼 고양이를 박해하지는 않는다는 점을 피타는 의도적으로 간과한다. 피타의 부하인 모리(박민희 분)

는 마법술사인데, 인간 세상의 고양이들을 미워하고 증오한다. 피타와 모리가 달의 길을 영원히 닫으려고 할 때 내세우는 논리는 무척 명쾌하고 강렬하기 때문에 절대 진리처럼 들릴 수도 있다. 그렇지만 여기에 피타의 욕망과 모리의 취향이 반영됐다는 점을 간과해서는 안 된다.

"$ax^2+bx+c=0$은 몇 차식입니까?"라는 질문을 〈캣 조르바: 피타의 퍼즐〉에 대입하면 피타는 2차식이라고 강력하게 주장하고 있는 것이다. 이페르가 설립된 예전부터 2차식이었으니 무조건 믿고 따라야 한다는 것이다. 2차식이라고 검증된 후 적용된 기간이 많이 지났고 그 사이 문제점이 발생하지 않았기 때문에 당연히 2차식으로 받아들여야 한다는 논리이다. 그렇지만, 프레야는 'a, b, c'부터 하나하나 다시 따지고 있다. 'a, b, c'는 가정이면서 제약 조건이 되는데 이페르가 설립될 때는 'a, b, c'의 제약 조건이 이페르의 고양이들을 지키는 방패가 됐지만 이제는 이페르의 발전을 가로막는 장벽이 되고 있다고 프레야는 말하는 것이다. 피타는 눈에 보이는 것을 가지고 확신 있게 이야기하고, 프레야는 눈에 보이지 않는 조건과 가정, 미래에 대해 이야기하기 때문에, 피타의 이야기가 더 강하게 와닿을 수 있다는 것이 함정이다.

이페르는 고양이들이 안전을 보장받는 곳이다. 그렇지만 교류가 없이 정체돼 있기에 더 이상의 발전이 없는 곳이다. 인간 세상, 다른 고양이들과 교류해도 된다는 자신감을 가지고 있는 프레야와 그렇지 않다고 하며 고양이 나라를 차지하려고 하는 궁정 마법사 피타의 시야가 엇갈리는 공간이기도 하다. 작은 왕국에 숨어 살면서 스스로를 가둬서는 안 된다는 프레야는 안전하고 편안하니 발전이 없다고 생각한다. 고양이들의 왕국 이페르는 천국, 파라다이스라고 볼 수도 있지만 꿈이 있는 사람에게는 답답한 공간일 수도 있다. 막혔던 것을 흐르게 해 건강하게 만들어야 한다는 철학적인 메시지가 〈캣 조르바: 피타의 퍼즐〉의 이페르에 담겨 있다. "ax²+bx+c=0은 몇 차식입니까?"라는 질문의 답에 대한 개념과 마인드를 가지고 있다면, 이 작품이 주는 철학적인 메시지를 기준을 가지고 이해하는 데 큰 도움이 된다.

훔쳐보는 사람을 또다시 훔쳐본다

– 객관적 관찰로 보이는 팩트의 전제 조건과 가정, 이면의 속성을 파악할 수 있다

크리에이티브리더스그룹에이트 제작, 문삼화 연출의 <인간>은 프랑스 천재 소설가 베르나르 베르베르의 유일한 희곡을 원작으로 한 연극이다. 우주 어딘가에 있는 유리 감옥에 화장품의 부작용을 알아보기 위해 동물실험을 하는 고지식하고 소심한 과학자 라울(고명환, 오용, 박광현, 전병욱 분)과 동물과 사람을 사랑하는 다혈질적이고 매력적인 서커스단의 호랑이 조련사 사만타(안유진, 김나미, 스테파니 분), 단 두 명이 갇혀 있다.

연극은 '인류는 이 우주에 살아남을 자격이 있는가?'라는 화두를 지속적으로 던지는데 이 작품을 위한 예술의전당 자유소극장에서의 특별한 관객석 설치는, 관객이 무대와 함께 다른 관객의 표정과 반응을 같이 볼 수 있도록 했다는 점에서 주목됐다. 관객은 갇혀 있는 라울과 사만타의 행동을 훔쳐볼 수 있고, 반대쪽 관람석에서 무대를 훔쳐보는 다른 관객을 또다시 훔쳐볼 수 있다. 훔쳐보는 관객을 다시 훔쳐보는 두 가지 시야를 통해 무대에서 표현되는 팩트의 전제 조건과 가정, 이면의

속성을 더 잘 파악할 수 있다는 점에서 ax²+bx+c=0의 개념을 통한 검토가 주는 효능과 공통점이 있다.

〈인간〉은 한정된 공간, 한정된 사람, 한정된 자원을 전제로 한다. 라울과 사만타는 자신들이 있는 곳이 어딘지 왜 그곳에 있는지 알지 못한다. 퍼즐을 맞추듯 조합해 보니 리얼리티쇼 같기도 하고, 대본 없이 상황극에 즉흥적으로 투입된 것 같다고 느끼기도 한다. 비현실적인 상황에서의 비현실적인 공간이, 추상적이 아닌 구체적으로 표현돼 있는데, 설치된 블랙박스 무대는 그들이 있는 공간이 열린 공간이 아닌 한정돼 갇힌 공간이라는 것을 명확하게 보여준다. 이 작품은 지구가 한정된 자원이 아니라고 생각하는 사람들에게 경종을 울리는 측면도 있다. 공간과 사람, 자원의 한정을 언어적 메시지로만 전달하는 데 머무르지 않고 시각적으로 확실하게 각인시킨다는 점이 주목된다. 무대 공연에서 보여주는 바로 눈앞에서의 시각화는 효과가 크다.

〈인간〉은 상황과 입장 변화, 극한 상황에서 인간 심리를 포함하고 있다. 좋아하는 것이 많은 여자와 가만히 있는 것을 좋아하는 남자가 폐쇄된 공간에 같이 있다. 화장품의 부작용을 확인하기 위해 동물 실험을 했던 남자와 동물과 사람을 모두 사랑하는 동물 조련사 여자, 단 두 명만 있다. 남자는 존댓말을 하고 여자는 반말을 한다. 지질한 남자는 열렬한 사랑도 해봤고 결혼과 이혼의 경험도 있는데, 매력적인 여자는 꿈꾸는 이상형의 남자만 기다리며 살아왔다. 갇힌 공간에서 남자는 담배가 피우고 싶다. 일반적으로 담배를 피우고 싶은 욕구를 잘 참지 못하는 남자의 모습을 라울은 대표적으로 보여준다. 여자들이 일반적으로 사회적 관계 속에서 담배를 피우고 싶은 욕구를 숨기기도 하는 것과는 대조적이다.

상처받지 마라,
　　　　취향일 뿐이다

〈인간〉은 인간의, 인류의 생존이냐, 멸종이냐를 다루면서, 상황과 입장의 변화에 따라 인간 심리가 어떻게 변하는지에 대해 관심을 가진다. '인간은, 인류는 이 우주에 살아남을 자격이 있는가?'는 극중에서 재판신이 주는 대표적인 메시지라고 볼 수 있다. 재판신을 통해 개인적 이야기에서 철학적, 인간 본연의 사고적인 메시지의 전달로 변화한다. 사만타는 인간의 입장에서 당당하게 말하며, 인간이 얼마나 훌륭한지 말하려고 한다. 인간에 대한 항변이자, 사만타의 변화이다. 우리가 함께하는 이 시간이 인류라는 역사의 마지막 에피소드일 수도 있다는 극 중 대사는 몰입한 관객들이 스스로 재판의 당사자이자 재판의 대상이라고 느끼게 만든다.

〈인간〉은 단 두 명이 펼치는 2인극이다. 2인극은 두 사람의 관계와 대화가 무엇보다도 중요하다. 어떤 무대 장치와 설정보다도 배우에 영향력이 강하다. 모노드라마는 단 1명이 등장하기 때문에 배우의 영향력은 모노드라마가 더 크다고 볼 수도 있지만, 관계성에 근거한 배우의 영향력은 2인극에서 가장 중요하게 작용한다. 이 공연을 위해 예술의전당 자유소극장 무대의 일부를 관객석으로 만들었는데, 3면 관객석, 4면 관객석과는 다르게, 2면 관객석은 마주보는 관객들에게도 시선을 빼앗길 수밖에 없는 구조를 가지고 있다. 관객은 무대를 바라보면서, 무대를 바라보는 다른 관객을 같이 바라보게 된다. 유리 감옥에 갇힌 라울과 사만타를 훔쳐보는 관객을 다른 관객은 또다시 훔쳐보게 되는 것이다. 이번 공연의 관객석 배치는 베르나르 베르베르가 의도한 라울과 사만타 훔쳐보기에서 하나 더 진도를 나갔다는 점에서 주목된다.

배우는 관객들의 에너지를 받기도 혹은 받지 않기도 쉽지 않을 것으로 생각된다. 〈인간〉에 출연한 배우들이 위대하게 생각되는 이유 중의 하나는 관객들과 제1차적 소통뿐만이 아닌 제2차적인 소통까지 함께하거나, 혹은 정말 유리 감옥에 갇힌 것처럼 제1차적 소통과 제2차적 소통을 모두 차단하며 배역을 소화했기 때문이다. 베르베르의 상상력에 코드를 맞춰야 하는 배우와 관객은 매우 어려움을 겪을 수도 있을 것이라고 추측될 수도 있지만, 직접 관람을 해보니 너무 희곡적으로 흐르지는 않은 자연스러운 대사와 연결로 인해 극이 어렵다기보다는 재미있고 흥미롭다고 느껴졌다.

〈인간〉에서 라울은 고지식하고 소심한 과학자이다. 그런 성향의 사람들은 누가 어떤 이야기를 팩트라고 말할 때 그 팩트의 전제 조건과 가정, 이면의 속성을 먼저 확인하는 것이 습관화돼 있다. 라울에게 "$ax^2+bx+c=0$은 몇 차식입니까?"라는 질문을 던졌다면 정확한 답을 들을 것이라고 기대할 수 있다. 반면에 사만타는 즉흥적이고 감각적이며 다혈질적이다. 그렇지만, 갇힌 공간에 라울과 단 둘이 계속 있으면서 토론과 논쟁을 통해 라울의 사고방식에 익숙해졌고 어느새 라울처럼 기준을 가지고 판단하게 됐는데, "$ax^2+bx+c=0$은 몇 차식입니까?"라는 질문을 사만타에게 연극 초반에 던졌으면 짜증내거나 무시했을 수도 있지만, 연극이 끝날 때쯤에 질문했으면 라울보다 더 논리적으로 대답했을 수도 있다. 그것도 사실에 기반을 둔 이야기를 하면서도 감각적으로 이해할 수 있도록 더욱더 친절하게 설명했을 것이라고 예상해도 무리가 없다. 반복된 경험으로 체득됐을 때의 시너지이다.

$dx^2+bx+c=0$에 내포된
판단 기준의 마인드

- 상황을 변화시키기 위한 시도를 했을 수도 있다

자코모 푸치니 작곡, 주세페 자코사, 루이지 일리카 대본의 오페라 〈나비부인〉은 20세기 초 일본 나가사키를 배경으로 하고 있다. 이 작품의 원작은 존 루터 롱의 동명의 장편소설 〈나비부인〉이다. 미 해군 중위 핑커톤은 일본 나가사키 항구에 있는 아름다운 별장에서 초초상(나비부인)과 결혼식을 올리기로 하지만, 그와 동시에 초초상을 일본에 잠시 머무는 동안 가볍게 만나는 인연으로 여긴다. 핑커톤과 결혼하기 위해 집안의 반대를 무릅쓰고 종교까지 버린 초초상과는 큰 차이를 보인다. 핑커톤은 고국인 미국으로 돌아가고 핑커톤과의 사이에서 아이를 낳은 초초상은 그와 함께 살았던 별장에 남아 3년 전에 떠난 핑커톤을 기다린다. 핑커톤의 친구 샤플레스가 초초상의 집을 방문해 핑커톤이 다시는 돌아오지 않을 것이라는 편지를 전하지만, 초초상은 영원히 핑커톤을 기다릴 것이라고 말한다. 미국 함선의 입항 소식과 함께 핑커톤은 초초상을 찾지만, 그녀를 다시 만나기 위해 찾아온 것이 아니라 아이를 미국으로 데려가기 위해 아내 케이트와 함께 온 것이다.

초초상은 특정 상황에 자기를 무조건 맞추고 그 상황을 맹목적으로 추정한다는 것을 알 수 있다. 앞에서 기술한 $ax^2+bx+c=0$의 개념을 도입해 보면, 핑커톤이 초초상을 만날 때 여러 조건과 가정이 있었다는 것을 알 수 있다. $ax^2+bx+c=0$을 그냥 2차식이라고 말하는 것처럼 초초상은 자기가 핑커톤을 좋아하는 것처럼 그 또한 자기를 좋아한다고 그냥 믿었던 것이다. 초초상은, a, b, c가 무엇인지 전혀 고려하지 않았고, x에 관한 2차식인지 뭔지에 대한 개념이 없이 2차식이라고 믿었던 것이다. 핑커톤에게 a는 본인의 일본 주둔 여부이자 조건이었던 것이다. 일본에 주둔하고 있을 때는 a의 크기만큼 초초상을 사랑할 수는 있지만, 일본에서 떠나면 (a=0) 더 이상 이어지는 인연이 아닌 과거의 기억일 뿐이었는데, 핑커톤의 그런 조건을 초초상은 전혀 생각하지도 않았던 것이다. 더 사랑했기 때문에 약자가 될 수밖에 없었고 핑커톤이 왜 자기를 만나는지 생각할 여력도 없었을 것이다. 혹시 생각했더라도 마음속 깊은 곳에서 아니라고 거부했을 것이다.

핑커톤이 일본에서 떠난(a=0) 후에도, 초초상은 핑커톤을 기다린다. 핑커톤이 돌아오면(b) 그와 함께 다시 행복한 삶을 살 수 있을 것이라고 여기지만 핑커톤은 초초상과 같이 살기 위해 돌아온 것이 아닌(b=0) 것이다. 핑커톤이 떠나고(a=0) 다시 찾아왔지만 아이를 데리고 떠나면(b=0), 초초상에게 남는 것은 아무것도 없는 것이다(c=0). 아무것도 남아 있지 않기에 사랑(x)의 차원을 언급하는 것 자체가 의미 없게 된다. 초초상이 $ax^2+bx+c=0$에 내포된 개념을 알고 실천에 옮겼으면, 합리적이지도 타당하지도 않은 특정 상황에 본인을 억지로 맞추지 않고 상황을 긍정적으로 변화시키기 위해 시도라도 할 수 있었을 것이다.

상처받지 마라,
         취향일 뿐이다

초초상이 아이와 함께 영원히 핑커톤을 기다릴 것이라고 샤플레스에게 말한 이유는 그 말이 핑커톤의 귀에 들어가서 돌아오기를 바랐기 때문이다. 당시의 동양적 개념으로 볼 때 아이가 있으면 언젠가는 돌아올 것이라고 초초상이 믿은 것은 개연성이 있다. 그러나 입양이 상대적으로 활성화 돼 있던 미국을 비롯한 서양인들은 전혀 피가 섞이지 않는 자식도 입양하는 데 별 거부감이 없었으므로 핑커톤의 아이를 케이트가 키우지 못할 이유가 없다는 것을, 초초상은 상상도 못했을 것이다. 가정과 조건에 대한 개념을 가지고 판단했으면, 초초상의 선택과 방법은 달라졌을 수도 있고 〈나비부인〉의 스토리텔링 또한 달라졌을 수도 있다.

푸치니의 오페라 〈나비부인〉과 〈투란도트〉를 보면 동양 여인에 대한 비하가 깔려있다. 물론 원작자와 대본가가 별도로 있지만 푸치니가 이런 정서에 동조했기 때문에 이런 작품이 나올 수 있는 것이다. 관객이 정말 아름답고 감동적인 아리아를 들으면서도 뭔가 석연찮은 느낌이 들었다면, 이런 정서를 막연하게나마 느꼈기 때문일 것이다. 막연하게 느낀 감정을 $ax^2+bx+c=0$의 개념을 활용해 표현하면 다른 사람에게 공유할 수 있고 공감할 수도 있다는 점은, 취향이 아니라고 하더라도 모든 상황에 적용되는 절대 진리가 아닌 특정 상황에서만 맞는 이야기일 수 있는지의 여부를 판단하는 기준으로 활용될 수 있다.

제3장

절대 진리인지
취향인지
확인하는 법

질문하라

　　상대가 하는 말을 취향이라고 단정 지을 경우 오해로 인해 위험한 결과를 초래할 수도 있고, 중요한 것을 놓치고 갈 수도 있다. 또한, 상대방이 강한 확신을 가지고 말하는 것이 취향일 뿐인지 아닌지 판단하기는 쉽지 않을 수 있다. 그럴 때 가장 빠른 방법은 직접 질문하는 것이다.

　　물론 "이건 진리가 아니라 당신의 취향이 아닙니까?"라고 물으면 사실 여부에 상관없이 거부감만 불러일으킬 수 있다. 일반적인 질문보다는 특정한 상황과 시간, 장소를 가정해 구체적 행동을 물어볼 수 있는데, 일반적 질문에서 시작해 점점 구체적으로 질문할 때 앞뒤의 대답에 일관성이 없거나 뉘앙스가 바뀔 경우 진리를 가장한 취향일 가능성이 높다.

　　"이렇게 하는 것이 맞습니까?"라는 질문 사이에 "이렇게 하는 것을 좋아하십니까?"라는 질문을 슬쩍 끼워 넣어 확인할 수도 있다.

디테일한 맞춤형 질문을 자연스럽게 하기 위해서는 연습과 시행착오가 필요하다.

상처받지 마라,
　　　　취향일 뿐이다

역지사지(易地思之)

　　역지사지는 다른 사람의 입장에서 생각하라는 뜻을 지닌 한자성어이다. 다른 사람의 입장이 되는 것은 이론적으로는 쉽지만 현실은 녹록지 않다. 영화를 볼 때 감정이입을 하듯 그냥 훅 들어가면 되는데 실제로는 그렇게 하지 못하는 이유는, 의식으로는 다른 사람의 입장에 서겠다고 결심하면서도 무의식은 자기의 입장을 강력하게 고수하고 있기 때문일 수도 있다.

　　역지사지를 구체적으로 하기 위한 방법은 크게 네 가지가 있는데 말 그대로 나와 상대방의 위치를 바꿔 생각할 수도 있고, 상대방의 위치에 비슷하지만 같지 않은 다른 사람이 있다고 가정할 수도 있고, 내 자리에 다른 사람을 앉히고 나는 제3자의 시각으로 바라본다고 가정할 수도 있고, 내 자리와 상대방의 자리에 모두 다른 이를 둘 수도 있다. 그러나 마지막 방법의 경우 객관성은 높아질지 모르지만 핵심에서 빠져나올 가능성도 있고 두 사람을 모두 바꾸는 것은 감정적으로 더 어렵다.

① 나와 상대방의 위치를 바꾼다 (나 : 너 ↔ 너 : 나)

② 상대를 비슷한 수준의 다른 사람으로 바꾼다 (나 : 너 ↔ 나 : 다른 이1)

③ 내 자리에 다른 사람을 앉힌다 (나 : 너 ↔ 다른 이2 : 너)

④ 나와 상대방을 모두 바꾼다 (나 : 너 ↔ 다른 이2 : 다른 이1)

나와 너의 위치와 입장을 바꿔 생각하는 것은 가장 타당하며 이론적으로도 부합되지만, 실제로는 잘 되지 않는다는 것을 경험한 사람들은 많을 것이다. 역지사지가 그렇게 쉽게 됐으면 사람들 사이의 갈등의 골이 크게 깊어질 이유가 없어진다.

너의 위치에 다른 이가 있다고 가정하는 것만으로도 많은 부분 객관적으로 바라볼 수 있다. 그 위치와 입장 때문에 내가 그런 생각과 태도를 취하는 것인지, 특정 상대방이기 때문에 내가 그런 입장과 태도를 취하는 것인지 알 수 있다. 특히 상대방을 다른 사람으로 가정했을 때 상대방이 했던 말의 힘이 그대로 유지되는지 여부에 따라 취향인지 아닌지 판단하기 쉬워질 수 있다.

내 위치와 입장에 다른 이를 앉히고 제3자의 시야로 다른 이와 상대방을 바라볼 경우 더욱 명확하게 현상을 파악할 수 있을 것이다. 나에게 직면한 문제가 아니라 내 주변 사람의 이야기라고 잠시 가정한다면, 이야기 자체에서 잠시 빠져나와 객관적으로 바라볼 수 있다. 이럴 경우 상대방이 진리라고 말하는 것이 취향인지의 여부를 객관적으로 볼 수 있을 뿐만 아니라, 내가 말하는 것 또한 단지 취향일 뿐인지 아닌지 확인할 수도 있다는 장점이 있다.

그 말을 따르지 않았을 때를
가정한다

상대방이 강력하게 확신을 가지고 다소 권위적으로 이야기하는 것을 내가 행동으로든 심리적으로든 따르지 않았을 때를 가정하는 것도 좋은 판단 방법이 될 수 있다. 상상력과 구체적인 시나리오 가정 능력이 필요한데, 막연히 가정에서 결론으로 점핑하기보다는 차례대로 밟아나가는 것이 더 효율적이다.

따르지 않았을 경우 부정적인 결론, 긍정적인 결론, 혹은 별로 큰 차이가 없는 사소한 결론에 이를 수 있다. 내가 따르지 않았을 때 부정적인 결론에 이른다면 혹시 진리일 수도 있다고 가정할 수도 있고, 취향이라고 하더라도 따르는 편이 낫다고 판단할 수 있다. 따를 때 억울하게 끌려가며 따르는 것보다, 취향인 것을 인지하면서 따를 때가 마음이 훨씬 편하다.

따르지 않았을 때 긍정적이거나 별로 큰 영향력이 없다는 결론을 추정할 수 있다면 취향일 가능성이 훨씬 더 높다고 예상할 수 있나. 설령 취향이 아니라고 할지라도 진리가 아니거나 긍정적이지 않은 결론을 도출할 수 있는 사항이기 때문에 따르지 않는 것이 합리적이라는 결과에 도출될 수 있다. 만약, 이렇게 예상하고도 어쩔 수 없이 따르게 되는 경우도 실제로는 있을 수 있는데, 그렇더라도 시나리오를 예상할 수 있기 때문에 대처 방법을 미리 준비할 수 있고 마음의 불안감을 줄일 수 있다는 장점이 있다.

사전 조건,
제반 여건을 검토한다

사전 조건, 제반 여건을 검토할 때는 앞에서 말한 $ax^2+bx+c=0$이 몇 차식인지 검토할 때와 비슷한 마인드를 적용하면 된다. 특정한 조건과 상황에서의 조건인지, 아니면 특정한 조건과 상황에서의 취향인지 또한 무척 중요한데, 일반성과 특수성, 진리와 취향이라는 관계에서는 네 가지 조합을 얻을 수 있다는 것을 염두에 둘 필요가 있다.

사전 조건, 제반 여건에 대한 검토는 진리인지 취향인지를 판가름할 수 있는 하나의 방법임과 동시에 일반성과 특수성을 가름하는 하나의 방법이 될 수 있다. 여러 상황에 대한 데이터가 축적된다면 상대방이 어떤 상황에서 어떻게 말할 때 취향적 요소가 더 많이 작용하는지 예측할 수도 있다. 사람은 사람마다 나름의 틀을 가지고 있고, 그 틀을 벗어나는 행동을 하는 사람은 그리 많지 않기 때문이다. 독특하고 예측 불가능하다고 여겨지는 사람도 잘 보면 그 틀이 견고하지 못하고 넓을 뿐이지, 예측할 수 없지는 않은 경우가 많기 때문이다.

토론 속 끊임없는 질문과 대답을 통해 진리인지 취향인지 판단한다

공연배달서비스 간다 제작, 민준호 작/연출의 〈신인류의 백분토론〉은 인류의 기원에 대한 질문, 즉 '창조론과 진화론 어느 쪽이 타당한가?'라는 주제로 과학, 종교, 사회, 예술 각계의 인사들이 토론하는 내용을 담고 있는 연극이다. 자칫하면 어렵고 무겁게만 느껴지던 토론이라는 형식을 무대 위에서 흥미롭게 펼쳤다는 점이 눈에 띄는 작품인데, 각자 종교나 자기 학문에 대한 신념이 확실한 모든 패널들의 강력한 자기주장으로 인하여 결국 보다 나은 방향으로 나아가기 위한 토론이 아닌 그저 이기기 위한 토론으로 전개된다. 각각의 사람들 중 어떤 한 사람만 골라 그 이야기를 들으면 논리적이며 타당성이 있는 진리라고 생각할 수도 있지만, 끊임없는 서로의 질문과 대답을 통해 각자의 성향이자 취향 혹은 의지가 반영된 개인적인 의견이라고 결론을 도출할 수도 있다.

이 작품은 기존의 공연 형식을 탈피해 토론이라는 콘셉트를 선택함으로써 리얼리티와 박진감을 높였다. 입장에 따라 다양한 근거를 제시할 수 있고, 한쪽 방향으로 쉽게 결론이 나기 쉽지 않은, 창조론과 진화론 중 어떤 것이 맞는가에 대한 주제로 관객들의 흥미를 끌면서, 마치 토론 방송을 직접 방청하는 듯한 참여감까지 전달한다. 생방송 토론회에 방청객으로 와 있는 듯한 재미있는 느낌도 주는데, 무대는 토론 프로그램이 펼쳐지는 방송국처럼 꾸며졌고, 출연자들은 실제 방송에서 토론 프로그램을 하는 것처럼 한 명씩 등장해 현실감을 높였다. 창조론이냐, 진화론이냐의 문제는 시작부터 논란을 일으켜 관객들이 몰입해 참여할 수밖에 없도록 만들었다. 〈신인류의 백분토론〉의 공연 형식은, 공연 대본으로 대사 위주의 공연을 하는 리딩 공연, 토론회, 방송 등 다양한 느낌을 줄 수 있고, 관객은 원하는 느낌으로 관람할 수 있다는 점이 주목됐다.

캐릭터의 성격과 대화 톤의 다양함은 〈신인류의 백분토론〉이 토론이기는 하지만, 엄연히 무대 공연인 연극이라는 것을 알려줬다. 형식을 차용했지만, 연극의 기본에 충실히 만들었다는 점은 무척 의미 있게 여겨진다. 현재는 토크 콘서트가 일반화된 시대이기 때문에, 토론 연극이 어색하기보다는 친숙하게 느껴진다는 점은 흥미롭다. 작품의 내용만 시대적 흐름을 반영하는 것이 아니라, 작품의 형식도 시대적 흐름을 반영한다는 것은 창작의 입장에서 한 번 짚고 넘어갈 필요가 있다.

"총알은 잘못이 없다. 쏜 사람이 잘못이다", "시조새가 중간종이 아닐 수도 있다" 등 〈신인류의 백분토론〉은 생각할 수 있는 많은 화두를 관객들에게 던진다. 방송국 세트 형식으로 만들어진 무대 장치에는 뇌과학, 적색편이, 인지심리학 등 지적 호기심을 자극하는 문구들이 새겨져 있다. 토론 도중에 제시된 관련 영상과 자료는 이미 알고 있었던, 혹은 안다고 생각했지만 실제로는 제대로 알지는 못했던 사실들에 대해 인지하고 확인하는 계기를 만들어준다. 이 작품의 교육적 기능은 토론의 형식과도 일맥상통하는 면이 있다.

　토론의 패널들은 깐죽거리기와 흥분하기를 통해 자신이 하고자 하는 말을 부각하기도 하고, 상대방의 논리에 말려들기도 했다. 창조론과 진화론이라는 끝나지 않는 토론 주제는 갈등을 지속적으로 높아 보이게 할 수도 있다. 바둑 인공지능 프로그램인 알파고를 통해 세상에 인공지능의 파급력이 전파됐기에, 인공지능이 강한 자의식과 강한 의지를 가졌을 때를 가정하는 장면은 단순 가정이 아닌 전제조건처럼 생각된다는 점은 시사하는 바가 크다. 공연이 끝나고 나면 〈신인류의 백분토론〉이라는 공연 제목에서 '백분토론' 못지않게 '신인류'가 중요한 의미를 가지고 있다는 것은 긴 여운이 남는 큰 반전이다. 관객의 허를 찌르면서도 수긍하고 인정하게 만들었다는 점이 특히 돋보였는데, 공연 내내 질문과 대답을 통해 관객의 고정관념을 깼기 때문에 관객은 반전을 바로 받아들이지 않고 저항하기보다는 수긍하고 인정했다는 점이 흥미롭다.

상처받지 마라,
취향일 뿐이다

같은 작품 내에서
여러 명이 앤의 역할을 한다

극단 걸판 제작, 최현미 연출/극작/작사, 박기태 작곡/편곡/음악감독의 〈앤 ANNE〉은 드림아트센터 2관 더블케이씨어터에서 공연된 뮤지컬이다. 루시 모드 몽고메리의 〈빨강머리 앤〉을 원작으로 하고 있다. 걸판여고 연극반이 공연할 작품으로 〈빨강머리 앤〉을 선정하면서 펼쳐지는 극중극 형태의 공연이다. 흥미로운 점은 공연 연습을 하면서 앤의 역할을 여러 명이 나눠 하는데, 이런 설정을 포함한 극중극 형태의 장점을 작품은 잘 살리고 있다.

극중극은 제작진이 하고 싶은 이야기를 원작을 가능한 보존한 채 반영할 수 있다는 장점이 있다. 원작에 대한 제작진의 시야를 별도로 첨부할 수 있고, 현대적인 해석을 손쉽게 포함할 수도 있다. 〈앤ANNE〉은 앤1(송영미, 임소윤 분), 앤2(신혜지 분), 앤3(임찬민 분)이 앤 배역을 돌아가면서 맡는 설정인데, 앤에게 집중되는 뮤지컬 넘버를 분배하는 역할을 하기도 하며 상황 변화에 따른 앤의 미세한 캐릭터 변화를 자연스럽게 녹여낼 수 있게 만든다. 또한 엔딩곡 '내가 앤이야'같이 커튼콜에서 앤의 합창을 더욱 웅장하고 풍성하게 표현할 수 있는 장점도 있다.

앤을 맡은 배우가 한 명이 아닌 것은 관객의 감정이입에도 도움이 된다. 관객은 자기에게 더욱 와닿는 앤이 있을 것인데, 한 명이었으면 특정 사람의 이야기로 초점이 맞춰질 수도 있지만 여러 명이 앤의 역할을 하면서 누구든 앤처럼 태어날 수 있다는 뉘앙스가 전달된다는 점 또한 짚고 넘어갈 만하다.

극중극인 〈빨강머리 앤〉은 연극이지만, 전체 공연인 〈앤ANNE〉의 장르는 뮤지컬이기 때문에 극중극 연극 속에서도 뮤지컬의 노래인 뮤지컬 넘버가 불린다는 점은 흥미로운 연출이다. 걸판여고 연극반이 극중 연극 〈빨강머리 앤〉을 연습할 때와 공연할 때 앤1이 앤 역할을 맡는 시간에 앤2, 앤3을 맡는 배우는 뮤지컬에서 코러스 배우를 뜻하는 앙상블의 역할을 하고, 앤2가 앤 역할을 할 때 앤1, 앤3을 맡는 배우는 앙상블의 역할을 한다. 마찬가지로 앤3이 앤 역할을 할 때는 앤1, 앤2를 담당한 배우는 앙상블의 역할을 한다. 즉, 주인공을 맡은 배우가 주인공의 역할을 하지 않을 때는 코러스 배우의 역할을 하는 것이다.

절대 진리인지 취향인지를 확인하는 방법 중의 하나인 역지사지를 〈앤ANNE〉은 극중극의 형식을 통해 주인공을 여러 명이 동시에 맡으면서 실천하고 있는 것이다. 연극반에서 많은 사람들이 주인공인 앤 역을 맡고 싶어 했기에 연극반 선생님은 누가 앤에 적합한지 알기 위해 모두에게 기회를 준다고 해서 그렇게 됐는데, 연습 과정을 통해 한 명의 앤 배역을 선정하지 않고 지원해 연습한 사람이 모두 분량을 나눠 앤의 역할을 한 것이다. 내가 앤이고 다른 사람이 코러스일 때와 다른 사람이 앤이고 내가 코러스일 때의 느낌이 다른 것을 앤을 맡은 배우뿐만 아니라, 각

상처받지 마라,
          취향일 뿐이다

각의 앤에게 감정이입한 관객도 똑같이 느낄 수 있다.

만약 앤을 한 배우가 맡았으면 극중극 형태로 볼 때 배우, 공연 전체로 볼 때 관객은 하나의 시야로 볼 수밖에 없는 것이 당연하다. 그런데, 여러 배우가 돌아가며 맡기 때문에 앤의 공통적인 정서가 무엇인지, 각기 다른 걸판여고 연극반 학생에 따라 달라지는 정서와 느낌의 디테일은 무엇인지 알게 된다. 앤이라는 공통점을 가지고 있지만, 앤1, 앤2, 앤3이 서로 다른 디테일을 가지고 있는데, 관객은 성향에 따라 특정 앤에게 더 감정이입하도록 나뉘게 된다. 앤에게 감정이입하는지 아닌지가 공통분모라면, 어떤 앤에게 감정이입하는지는 취향인 것이다.

즉, 한 배우가 한 역할을 맡았을 때 관객인 내가 그 역할에 공감하거나 감정이입하지 못한다면 대부분은 그 역할이 나랑 맞지 않는 것이겠지만, 그 역할을 한 배우와 내 취향, 성향, 코드의 디테일이 맞지 않아 그 역할과 내가 맞지 않는 것이라고 느낄 수 있는 것이다. 뮤지컬, 연극, 오페라, 창극 등의 무대 공연에서 주인공이 더블 캐스팅이나 트리플 캐스팅으로 진행될 때 어떤 배우가 출연하느냐에 따라 확연히 다른 느낌과 감동을 받은 경험이 있는 관객은 많을 것이다. 배우의 연기력에 의미 있는 차이가 없다고 가정할 경우, 연기를 더 잘한 배우에게 감정이입될 수도 있고 그 배우가 가장 연기를 잘했다고 판단할 수도 있지만, 냉정하게 판단하면 관객인 나의 취향에 따라 그렇게 느끼고 감동받은 것이라는 것을 확인할 수 있다.

뮤지컬보다 영화가 더 보편적이고 대중적인 장르이기 때문에 영화를 본다고 가정하고 취향 여부를 확인할 수 있는 역지사지에 관한 이야기를 전개해 보자. 만약 영화를 보다가 영화 속 어떤 인물 때문에 마음이 무척 불편하다면, 그 배역 자체가 마음에 늘지 않는 것인지 그 배역을 맡은 배우가 마음에 들지 않은 것인지 확인할 필요가 있다. 그때 빠르고 손쉽게 할 수 있는 방법이 역지사지이다. 같은 영화 속 두 배우를 순식간에 서로 교체했다고 가정해보자. 그럼에도 불구하고 처음과 같은 느낌이라면 배역 자체가 거슬렸던 것이고, 바꾸었더니 괜찮아지면 그 배우가 그 배역을 하는 게 불편했던 것이라고 보면 된다. 영화를 보고 있는 도중에 같은 영화에서 두 배우를 서로 바꾸는 가정을 하는 것은 이론적으로 막연히 상상할 때는 어렵지 않지만, 실제로 해 보면 매우 머리 아프고 혼란스러울 수 있다. 그럴 경우, 같은 영화에서 두 배역을 서로 바꾸지 말고, 내가 불편하게 느꼈던 배역의 배우만 영화에 등장하지 않는 다른 배우라고 가정할 수 있다. 이때 가정의 객관성을 유지하기 위해 중요한 실행 포인트는, 현재의 배우보다 내 마음에 더 드는 배우 한 명, 덜 드는 배우 한 명을 번갈아 역지사지해보는 것이다.

역지사지는 나를 바꿔서 실행할 수도 있다. 내가 지금 영화를 본다고 생각하지 말고, 다른 사람이 내 자리에서 영화를 보고 나는 그 사람을 제3자의 입장에서 바라본다고 가정하면, 내가 느끼는 것이 보편적인 영역의 문제인지 나의 개인적인 취향인지 바로 알 수 있다. "우리 엄마가 봤으면 눈물을 흘렸을 거야", "액션 좋아하는 내 친구 ○○이 봤으면 장난 아니었겠다", "너랑 같이 봤으면 잔인한 장면 때문에 중간에 나왔을 거야"라고 말하는 등 역지사지에 초점을 맞추지 않으면서도 우리는 역지사지를 한다. 역지사지인지 모르면서 역지사지를 할 때의 말들을 잘 살펴보면, '사람에 따라 다르다. 즉, 취향이다'라는 의미를 포함한 경우가 많다는 점을 발견할 수 있다.

상처받지 마라,
              취향일 뿐이다

[사례 3-3] 뮤지컬 <투모로우 모닝>

상대방의 말을
따르지 않았을 때를 가정한다

○

모먼트메이커 제작. 성열석 연출, Laurence Mark Wythe 극작/작곡의 〈투모로우 모닝〉은 JTN 아트홀 2관에서 공연된 뮤지컬이다. 결혼과 이혼을 하루 앞둔 두 커플의 버라이어티한 하룻밤을 담고 있는데, 시작과 끝을 하루 앞둔 두 커플의 설렘과 불안이 교차한다. '더 행복해지고 싶어! 우리 내일 결혼할까?'와 '더 이상 상처 받기 싫어! 우리 내일 이혼할까?'라는 정반대되는 이야기는 묘하게 하나의 정서로 연결된다.

이혼을 하루 앞둔 잭(고유진, 박시범, 이준혁 분)은 부장의 잔소리는 들어도 아내의 잔소리는 더 이상 듣기 싫어한다. 이혼을 하루 앞둔 캐서린(김경선, 홍륜희, 오진영 분)은 일과 인생 모두 완벽한 커리어 우먼인데, 골칫덩어리 남편과는 이제 안녕을 고하고 싶다. 결혼을 하루 앞둔 존(이태구, 최석진, 임두환 분)은 결혼하면 끝인 것인지, 여전히 자유를 꿈꾸는 자신이 이상한 것인지 고민한다. 결혼을 하루 앞둔 캣(강연정, 김보정, 김환희 분)은 이 남자 괜찮은 것인지, 이 선택 맞는 것인지를 고민한다.

뮤지컬은 남녀가 만나면서 생기는 서로에 대한 불만을 리얼하게 담고 있는데, 극 중에서 여자는 편집장이고 남자는 카피라이터로 사회적으로 여자가 더 인정받을 때 두 사람 간의 갈등관계를 디테일하게 표현한다. 하는 일마다 안 풀려서 답답하고 외로웠다는 남편 잭의 말에 공감을 하는 관객들도 많고, 남편이 떠나는 것이 자신이 버려지는 것이라고 생각하는 캐서린의 감정에 공감하는 사람들도 많다.

남편을 이렇게 해야 한다, 부인은 이렇게 해야 한다고 당위적으로 말하면서 결혼생활에서 배우자에게 바라는 것은 말하는 사람의 입장에서는 진리이지만, 듣는 상대방의 입장에서는 말하는 사람의 소망이자 취향이라는 것을 작품은 알려준다. 상대방이 강하고 확신 있게 말하는 것을 따르지 않았을 때의 모습은 서로 다른 커플의 상황을 통해 펼쳐지는데, 이런 대비는 절대 진리인지 취향인지 명확하게 알 수 있게 한다.

상처받지 마라,
  취향일 뿐이다

[사례 3-4] 뮤지컬 〈안나 카레니나〉

일반성과 특수성,
보편적인 적용과 취향

마스트엔터테인먼트 제작, 알리나 체비크 연출, 율리 킴 대본/가사, 로만 이그나티예프 작곡의 〈안나 카레니나〉는 예술의전당 오페라극장에서 공연된 뮤지컬이다. 원작은 톨스토이의 문학세계가 집대성된 19세기 근대소설의 최고 작품으로 꼽히는데, 세계 여러 나라에서 번역돼 출간됐을 뿐만 아니라 오페라, 연극, 뮤지컬, 발레 등 다양한 예술 장르로 재현되고 있는 작품이다.

19세기 후반 러시아 사회의 풍속도를 사실적으로 묘사하여, 당시의 사랑과 결혼, 가족 문제 등 인류 보편의 문제들을 깊이 있게 다룬 걸작으로 알려져 있는데, 일류 보편의 문제를 다루는 일반성과 함께 주인공의 취향과 감정이라는 특수성 또한 주목해야 하는 작품이다. 작품의 내용을 당위로 볼 것이냐 취향으로 볼 것이냐에 따라 감정이입한 관객은 거부감을 가질 수도 있고 몰입할 수도 있다.

안나 카레니나(옥주현, 정선아 분)는 모두에게 사랑받을 만한 우아함과 아름다움을 지닌 귀족부인이다. 러시아 정계의 최고 정치가인 남편 카레닌(서범석, 황성현 분), 8살의 아들과 함께 행복한 듯 보이지만 관습적인 결혼생활을 하고 있던 그녀 앞에 나타난 매력적인 외모의 젊은 장교 브론스키(이지훈, 민우혁 분)에게 끌린다. 카레닌은 이성적이고 명예를 중시하는데, 부와 지위를 가지고 있고 예의바른 카레닌은 일반적인 기준으로 볼 때 최고의 남편이라고 볼 수 있다. 안나 카레니나에게 안전감과 부, 명예를 모두 주고 있기 때문에 다른 사람들의 부러움을 사고 있기는 하지만 정작 그녀는 행복하지 않다.

그녀 앞에 나타난 브론스키는 카레닌과는 달리 적극적이며 젠틀하다. 열정적인 구애를 해 전에 느껴본 적 없는 강한 감정에 혼란스러우면서도 행복감을 느끼게 만든다. 많은 사람들의 비난에도 불구하고 그녀는 사랑과 자유를 선택하는데, 〈안나 카레니나〉의 전반적인 정서는 보편성을 기반으로 하고 있지만 주인공인 안나 카레니나는 보편성을 따르지 않고 자신이 원하는 것을 따른다. 그녀의 행동과 함께 그런 행동을 선택한 내면에 깊숙이 들어가기 위해서는 그녀의 취향과 선택이라는 기준을 적용해야 한다. 사전 조건, 제반 여건을 제대로 검토하면 보편적인 진리의 영역에서 다뤄야 하는 것인지 아닌지를 판단할 수 있다.

상처받지 마라,
취향일 뿐이다

[사례 3-5] 드라마 <비밀의 숲>

황시목이 밥을 먹었을 때
시청자들이 좋아한 이유는?

안길호 연출, 이수연 극본의 tvN 토일드라마 〈비밀의 숲〉은 감정을 느끼지 못하는 외톨이 검사 황시목(조승우 분)이, 정의롭고 따뜻한 형사 한여진(배두나 분)과 함께 검찰 스폰서 살인사건과 그 이면에 숨겨진 진실을 파헤치는 내부 비밀 추적극이다. 살인사건에 휘말린 검사 시목의 이야기인데, 처음엔 검찰 조직 내부의 비리에서 촉발된 것으로 보였지만, 범인의 의도도 방향도 알 수 없는 미궁에 빠진다. 시목은 감정을 느끼는 법을 잊어버리고 오직 이성으로만 세상을 차갑게 보기 때문에, 법을 지키라고 만든 검찰이 법을 가장 많이 어기는 아이러니를 매일 본다. 반전에 반전을 거듭한 스토리텔링은 시청자들을 지속적으로 몰입하게 만들었는데, 제6회에서 시목이 밥을 먹었을 때 자신들의 이야기인 것처럼 좋아하며 기뻐했고, 본방 시간 동안 시청자 공식 채팅방은 황시목이 밥을 먹은 것에 감동한 글들이 계속 이어졌다.

이때 보여준 시청자들의 반응을 일반성과 특수성, 진리와 취향이라는 관계를 고려하지 않고 그냥 처음 접한다면, 시청자들은 먹방에 크게 반응한다고 생각할 수도 있고, 국밥에 대한 인기가 장난이 아니라고 추정할 수도 있으며, 검사가 일반 식당에서 국밥을 먹는 게 뭐 그리 호들갑을 떨 일이냐고 의아해할 수도 있다. 감정을 잃어버려 차디차게 느껴지는 시목은 다른 검사들과 같이 밥을 먹지 못하고 혼자 먹는 경우도 많았는데, 혼자 먹으러 식당에 갔을 때도 시목이 밥을 먹으려고 하면 사건이 터져 음식을 두고 그냥 식당에서 나온 경우가 이전 회차의 방송에서 계속 반복됐던 것이다. 시목이 국밥을 먹은 것에 시청자들이 큰 반응을 보인 것은, 시청자들이 국밥을 엄청나게 좋아해서도, 드라마에서 먹방이 나오는 장면만 보면 주체할 수가 없어서도 아니다. 몰입해 감정이입한 시목이 계속 밥을 먹지 못하는 게 마치 자신의 일처럼 느꼈기 때문이다. 만약 영화였으면, 영화 앞부분에 그런 모습이 나왔어도 밥을 먹을 때 그렇게 크게 반응하지 않았을 것인데, 이전 회차의 방송과 본방 사이의 시간 동안에 그 안타까움을 계속 가지고 있고, 그 사이에 재방송을 보면서 그 감정을 다시 소환해 키워왔기 때문인 것이다.

〈비밀의 숲〉은 전체적인 스토리텔링의 관점에서 보는 것도 재미있지만, 시목에 감정이입해 시목을 위주로 바라보는 것도 흥미롭다는 것을 알 수 있다. 시목이 밥을 먹으려고 할 때마다 일이 생겨서 밥을 먹지 못하는 것은 사건에 대한 에피소드이기도 하지만 감정을 느끼지 못하는 캐릭터를 표현하는 방법으로 볼 수도 있다. 감정 없는 시목은 무표정한 여진과 묘하게 케미를 이루는데, 여진이 그린 시목의 뇌구조는 흔한 비유일 수 있지만 '공간 낭비'라는 단어 하나가 추가되면서 엄청난 메시지와 울림을 담는다는 점은 흥미롭다. 사람은 많은 분야의 생각을 하면서 사는 것이 일반적인데, 시목은 감정을 느끼지 못하기 때문에 아예 생각하지도 않는 뇌의 영역이 있다는 것을 표현한 것이다.

상처받지 마라,
취향일 뿐이다

'공간 낭비'로 표현되는 시목의 뇌구조를 염두에 두면 시목의 행동에 더욱 밀착해 감정이입할 수 있다. 시목은 다른 검사들과 밥을 같이 먹지 않고, 혼자 밥을 먹는 것을 뜻하는 혼밥을 하는 경우도 많고, 그 혼밥조차 끝까지 먹지 못하고 자리를 떠야 하는 경우가 많았다. 밥을 잘 먹지도 못하고, 먹을 때도 혼밥을 먹어야 하는 시목에 시청자들은 동정과 공감을 하게 되는데, 많은 것을 혼자 하는 시대에 시목의 혼밥은 드라마 속의 장면이기는 하지만 시목 또한 나와 같은 면이 있다는 위안을 시청자에게 전달하기 때문이다. 따라서 "밥은 먹고 다닙시다"라고 말하며 국밥을 같이 먹으러 간 여진에게 시청자들은 고마운 마음을 가지게 됐고 실시간 채팅창에는 그런 마음을 표현한 글이 많았다. 내가 지지하고 응원하는 시목이 드디어 밥을 먹을 수 있도록 해줬기 때문이기도 하고, 감정이입해서 시청하고 있다면 여진의 마음은 마치 나의 허기를 달래주는 것으로 느껴질 수 있기 때문이다. 시청자들의 이러한 반응은 상황이 벌어지기 전에 펼쳐졌던 조건을 모른다면 공감하기 힘들수도 있는 것이다.

'공간 낭비'라는 표현 하나만으로 작가는 드라마의 방향성, 상징성, 가능성을 의미 있게 표현했다는 점이 주목된다. 뇌구조를 그려 표현하는 것은 드라마가 방영되기 전에 유행처럼 지나간 것이기 때문에 다소 진부한 방법으로 보일 수도 있었다. 유행이 지난 이야기로 추억을 소환하는 아재 개그의 장면처럼 보일 수도 있었다. 시목의 뇌구조에 어떤 공간인지 모르는 공간인 '다른 마음'이 있고, 외계인을 믿기 때문에 나온 '공간 낭비'라는 표현은 시목에 대해 많은 것을 생각하게 만든 독창적인 표현으로 품격을 높였다. 보편성에서 볼 것인지, 특수성에서 볼 것인지에 따라 감정이입의 여부와 감동의 크기는 확연히 달라질 수 있다는 것을 알 수 있다.

제4장

취향이라고
무조건 따르지 말라는
것은 아니다

기본적인 사항조차
취향이라고 무시하는
오류는 위험하다

상대방의 취향을 절대 진리로 잘못 해석해 상처받지 말라는 이 책의 조언을 과대 해석해 잘못 판단하는 것은 위험하다. 취향이라는 개념을 과도하게 확대해 기본적인 사항조차 취향이라고 무시하는 오류를 범하지 않기를 바란다. 물론 이것이 기본적인 사항인지 상대방의 취향인지를 최종적으로 판단하는 것은 본인이다.

이 책의 취지는 억울하게 마음의 상처를 받지 말라는 것이다. 균형점을 넘어 아예 반대 방향으로 내달린다면 피해자였던 나는 더 이상 피해자가 아니라 새로운 가해자가 될 수 있다. 상대방은 기본적인 사항에 대한 이야기를 한 것인데 나는 그것을 취향이라고 폄하한다면 나로 인해 또 다른 가해가 시작된다고 볼 수 있다.

억울함으로부터의 탈출이 제1차 목표이다. 억울하고 답답한 마음에서 탈출해 좌절감, 죄의식, 피해의식에서 벗어나기 위해 절대 진리인지 취향인지를 따지는 것이지, 상대방을 공격하는 수단을 만들려는 것은 아니다. 제1차 목표가 심리적 탈출이라면, 제2차 목표는 너무 과도하게 이전과 같은 취급을 받지 않기 위해 상황을 정돈하는 것이다. 여기에 머물지 않고 더 공격적 목표를 세워 응징하려고 한다면, 물론 얻는 것이 있을 수도 있지만 많은 것을 잃을 수도 있다는 것을 각오해야 한다.

내가 힘을 가진 순간, 나는 또 다른 잠재적 가해자가 될 수 있다는 가정을 할 줄 알아야 한다. '설마 내가 그러겠어?' 싶겠지만 나에게 권위와 힘의 논리를 펴는 사람들 모두 자기가 그렇게 될 것이라고 전혀 예상하지 않았을 것이다. 어느 한 순간 모든 게 변하는 게 아니라 서서히 나도 모르게 변하는 것이기 때문에, 내가 변했다는 것을 나도 모를 수 있다.

억울했던 시간들을 극복한 후 내가 힘을 가졌다고 내 개성, 내 취향, 내 성향을 마구 펼칠 경우 다른 사람들로부터 공감과 지지를 얻기 힘들 것이다. 보편성을 가지고 있으면서 개성이 있는 사람은 공감을 얻는다. 보편성 없이 개성만 강조하는 사람들은 그 매력을 사람들과 공유하지 못하거나 특정 마니아들과만 공감하게 된다는 것을 염두에 둘 필요가 있다.

상대방의 취향이라고
무조건 따르지 말라는 것은
아니다

- 따르더라도 알고 따르자는 것이다

이 책을 읽다가 상대방의 취향은 절대 따르지 않겠다고 마음의 강한 결단을 하는 독자도 생길 수도 있다. 이 책의 취지는 상대방의 취향이라고 무조건 따르지 말라는 것이 아니라, 따르더라도 상대방의 취향이라는 것을 알고 따르는 게 좋다는 것이다. 절대 진리이기 때문에 따르는 게 아니라 그 사람의 취향을 인정한 채 따르는 것이라는 점은, 내 마음의 불편함과 억울함, 답답함을 줄일 것이다.

현실적으로 터놓고 이야기하면 상대의 취향을 따르는 게 타당성이나 당위성이 있는 게 아니라도, 그런 선택을 할 필요성이 있는 경우는 많다. 고객의 취향을 따르지 않는다는 것은 서비스 정신이 없다는 것을 뜻할 수도 있고, 회사에서 상관의 취향을 따르지 않겠다는 것은 팀워크를 저해하는 요소로 작용할 수도 있다.

필자는 대기업 건설회사에 15년간 근무했었다. 대기업은 시스템이라는 엄청난 기준이 있는데, 그 시스템을 운영하는 것은 사람이다. 문서를 작성하는 기준 또한 명확하게 있는데, 그 기본 틀 안에서 통일성을 유지하면서도 각 부서별, 각 현장별로 디테일한 문서 작성 스타일은 다르다. 소속된 소단위의 조직의 관습일 수도 있고, 부서장이나 담당임원, 현장소장의 스타일일 수도 있다. 만약 소속 조직이 전체 회사의 시스템에 반하는 문서 작성법을 선택하는 것이 아니라면, 소단위 조직 또는 상관의 스타일대로 글을 작성하는 것이 통일성과 업무의 효율성 측면에서 긍정적이다.

다만, 이 경우 문서 작성은 이렇게 하는 것이라고, 네가 작성한 방법은 잘못된 것이라고 말하는 것은 진리가 아닌 취향인 것이다. 신입사원을 비롯한 저직급자, 정규직이 아닌 계약직이나 파견직 직원의 경우 이런 취급을 받게 되면 자기는 문서작성 능력이 현저하게 떨어지는 것으로 평가됐다며 좌절감을 느낄 수 있는데, 이것이 상관의 취향이라는 것을 명확하게 인지하게 되면 상처받지 않고 원활하게 업무를 수행할 수 있다.

대기업이나 외국계 기업을 다니고 있는 혹은 다녔던 사람들은, 시스템이라고 말하는 것 중에서도 시스템이 맞는지 의아했던 경험이 있을 수 있다. 사실은 상관이라는 이유로, 선배라는 이유로 개인의 취향을 시스템처럼 말하는 경우도 있다는 것이 현실이다. 왜 시스템도 아닌데 시스템이라고 말하느냐고 속으로만 부글부글 끓으면서 정작 내 의견을 말로 하기는 쉽지 않은 경우도 많은데, 취향이라는 개념은 이럴 경우 나를 온전하게 유지시키는 힘이 될 수도 있다.

상대방의 취향을
따르지 않는 것 또한
나의 취향일 수 있다

상대가 내세우고 있는 것이 취향이라는 것을 알게 됐다고 해서 상대 취향을 무조건 따르지 않아야 하는 것은 아닌 이유 중의 하나는 나 또한 나의 취향을 내세우고 있는 것일 수 있기 때문이다. 상대가 하는 말이 절대 진리가 아닌 취향이 확실하다고 해서 그에 반대되는 입장을 취한 내 말이 절대 진리라는 것을 뜻하지는 않을 수도 있다는 점을 명심해야 한다.

의견을 제시할 수는 있지만 결국 영화나 드라마, 연극, 뮤지컬 제작 현장에서는 결국 감독과 연출의 의견을 따를 수밖에 없는 것이 현실이다. 감독은 이것이 연기의 진리라고 말하고 배우인 나는 또 다른 이것이 연기의 진리라고 말할 때 둘 다 취향일 가능성이 높기 때문인 것도 하나의 이유가 된다.

그렇지만 상대방이 절대 진리이고 나는 거짓되거나 부족한 게 아니라, 그 사람의 취향을 따라가고 있을 뿐이라고 생각하면 마음의 평화를 얻을 수 있다. 직장 생활도 마찬가지이고, 심지어는 동호회에서도 마찬가지이다. 여행을 갈 때 어디에 가면 무엇을 어떻게 보는 관광을 해야 한다는 것을 알려주는 것도 절대 진리가 아닌 취향이라는 점에 주목할 필요가 있다. '취향 저격'이라는 표현을 들을 때 '저격'에만 초점을 맞추지 말고 '취향'이 더 먼저 있다는 것을 고려할 필요가 있다. '진리 저격', '진실 저격'이 아니라 '취향 저격'이라는 사실은 많은 것을 해결할 수 있도록 만든다.

성향과 진리가 섞여 있을 경우

- 모두 취향이라고 무시하는 것은 위험하다

연극열전 제작, 오경택 연출, 브레드 프레이저 작 〈킬 미 나우〉는 충무아트센터 중극장 블랙에서 공연된, 성(性)과 장애, 개인과 가족 그리고 삶과 죽음 사이 인간답게 살기 위한 선택을 담고 있는 연극이다. 청소년이자 장애인인 조이 스터디(윤나무, 신성민 분)는 청소년으로서의 호기심과 반항의식, 장애인으로서의 불편함과 왜곡된 시선을 모두 겪고 있는 주인공이다. 조이를 바라보는 다른 사람의 시선도 두 가지가 모두 섞여 있는데, 이 두 가지에도 각각 보는 사람의 성향과 진리가 함께 섞여 있다. 이 책에서 반복해 말하는 확고하게 절대 진리처럼 하는 말에 상처받지 말고 취향일 수 있다고 생각하라는 것을 너무 과대 해석해, 다른 사람이 조이를 바라보거나 보호하려는 모습과 태도를 다른 사람의 개인적 취향으로만 볼 경우 오히려 조이를 이해하고 서포트할 수 있는 기회를 놓칠 수 있다. 성향과 진리가 섞여 있을 때 그 모든 것을 절대 진리라고 생각하면서 그 기준에는 미치지 못하는 나를 자책하고 괴로워하지 말라는 것이지, 그 모든 것을 취향이라고 매도하라는 것은 아니다.

촉망받던 작가의 삶을 포기하고 지체장애 아들을 위해 헌신하는 아빠 제이크 스터디(이석준, 이승준 분)와 아빠가 여전히 자신을 아이 취급하는 것이 불만인 17세의 아들 조이는 서로를 아끼고 사랑하는 두 사람이지만 오랜 희생이 몰고 온 피로와 성장기 소년의 호기심이 부딪히면서 둘의 일상과 관계도 균열이 생긴다. 두 사람을 웃게 해주는 고모 트와일라 스터디(이진희, 정운선 분), 지친 제이크의 유일한 안식처인 소설가 로빈 다토나(이지현, 신은정 분), 조이를 평범한 또래로 대하는 친구 라우디 에이커스(문성일, 오정택 분)가 그들을 위로하고 다독이지만 세 사람 역시 각자의 고독과 상처에서 자유롭지 않다. 그러던 중, 갑자기 닥친 불행은 조이와 제이크, 두 사람은 물론 주변 사람들의 삶까지 바꿔 놓기 시작한다.

〈킬 미 나우〉는 표현하기도 쉽지 않고 반응하기에도 어려운 주제들을 진지하면서도 친절하게 풀어낸다. "나도 보통사람들처럼 살고 싶어"라고 말하는 조이와 주변 사람들은 더 이상 괜찮은 척, 아무렇지 않은 척할 수 없다. 인간다운 삶을 위해 그들은 어떤 선택을 할 것인지 연극은 서서히 그러면서도 진하게 보여주는데, 관객들은 느끼는 게 많아도 제대로 표현하기 힘들고, 표현하지 않고 지나치기에는 가슴에서 나오는 이야기를 주체하지 못할 수도 있다. 작품을 제작한 연극열전 또한 대놓고 홍보를 할 수도 그렇다고 가만히 있을 수도 없을 것이라고 생각된다. 〈킬 미 나우〉는 관객, 배우와 스태프, 제작사 모두 같은 정서를 공유하게 되는 작품이다.

인터미션도 없는 공연은, 커튼콜까지 마음 놓고 울 수도 없게 만든다. 아니, 마음 놓고 울어서는 안 되는 시간이다. 이 작품은 보통 사람들처럼 살고 싶은 사람들의 이야기이다. 일반적으로 사람들은 특별하게 살길 바란다. 평범하지만 지겨운 일상이 아닌 뭔가 남들과는 다른 특별한 삶을 모두 꿈꾼다. 그렇지만, 신이 우리에게

준 가장 큰 축복은 평범한 일상을 자신이 사랑하는 사람과 공유할 수 있게 배려한 것이다. 평범함의 가치는 평범한 사람들에게는 지루한 일상일 수 있지만, 평범하지 않은 사람에게는 무엇보다도 소중한 가치이다. 이 작품에 나온 다섯 사람처럼 결핍으로 인해 평범하지 않은 사람들만 평범함의 가치를 추구하는 게 아니라 너무 많은 것을 가져 평범하게 행동할 수 없는 사람들 또한 평범함의 가치를 그리워한다. 다른 사람들의 시선을 의식하지 않고 손잡고 산책하는 것, 비싸지 않은 음식점에서도 마음껏 웃으며 식사를 할 수 있는 것, 일이 고되더라도 내가 잘하는 일을 할 수 있는 것, 큰돈 들지 않고 큰 결심을 하지 않아도 누구나 할 수 있는 일상의 평범한 행복이 그들에게는 무척 부러운 판타지이다.

〈킬 미 나우〉는 슬픈 이야기이다. 〈킬 미 나우〉는 아픈 이야기이다. 그러나 관객은 함부로 슬퍼하거나 아파해서는 안 된다. 진정 그들이 얼마나 슬프고 아픈지 더 이상 표현하지 않는 커튼콜까지 울음을 참아야 한다. 실제로 관객들 중에는 울고 싶은 마음을 억지로 참고 있는 사람이 많다는 것을 알 수 있다. 내 감정이 아무리 북받쳐오더라도 다른 사람의 슬픔과 아픔 앞에서 함부로 내 감정을 발산해 해소하거나 내가 앞서서 카타르시스를 느끼면 안 된다는 것을 이 작품은 느끼게 만들어준다. 공연시간뿐만 아니라 실제 생활에서도 우리가 이런 공감과 배려를 주변에 전달한다면 정말 아름다운 세상을 같이 만들 수 있다고 생각된다.

고모 트와일라는 싫으면 싫단 말은 하는데 힘들 때 힘들다는 말은 못한다. 싫을 때 싫다는 말을 하기 때문에 이 세상의 많은 트와일라는 자신이 하고 싶은 것을 다 하는 사람으로 취급받고, 사람들은 그녀가 하는 희생에 대해 관심이 없으며, 그녀가 힘들 때도 그녀를 위로하지 않는다. 싫을 때 싫다고 말하는 사람은 힘들 때 힘들다고 말할 것이라고 당연히 생각하게 되고, 실제로 힘들 때 힘들다고 말한 적이 전혀 없음에도 불구하고 싫다는 것을 표현했다는 기억을 왜곡해 힘들다고도 한 것으로 기억할 가능성이 많다. 따라서 지금 힘들다는 것을 표현하지 않으면 힘들지 않다고 오해할 수 있는 것이다. 현대를 사는 여자들 중에는 트와일라 같은 사람들이 의외로 많다. 물론 남자도 그럴 수 있지만 참아야 한다는 것을 강요받고 그렇지 않을 경우 비난받은 경험은 사회적으로 여자에게 더 많을 것이다. 싫은 것을 싫다고 표현한다는 이유로 다른 사람들은 우리가 사는 세상에 있는 수많은 트와일라들의 슬픔과 아픔, 고통과 희생에 관심을 가지지도 않고 격려나 위로를 보내지도 않는다.

로빈은 제이크에게 "보고 싶어, 전화할 수 있을 때 전화해"라고 전화 음성 메시지를 남기며, 병이 심각해진 제이크를 보고 "내 눈에는 자기밖에 안 보여"라고 말한다. 자신이 사랑하는 사람이 있는데, 그 사람이 죽어간다. 그런데, 나는 그 사람에게 해 줄 수 있는 게 별로 없다. 주변의 시선 때문에 붙어서 간병을 할 수도 제대로 위로를 해줄 수도 없다. 로빈의 아픔은 다른 사람들의 아픔에 비하면 감정의 사치라고 생각할 수도 있다. 누군가를 진정으로 사랑해 본 적이 있는 사람이라면 로빈의 슬픔 또한 다른 사람들보다 작지 않다는 것을 알 것이다. 해줄 수 있는 것이 없을 때의 슬픔과 아픔, 이 아픔은 어쩌면 병의 고통을 이겨야 하는 제이크의 아픔보다 작다고 말할 수만은 없을 것이다.

평범한 삶을 살고 있는 사람과 특별한 것이 없어서 불행하다고 생각하는 사람 모두, 어쩌면 평범한 일상이 주는 행복과 가치를 죽기 직전에나 깨닫게 될 수도 있다. '킬 미 나우'라고 조이가 외칠 때 '힐 미 나우'라고 들리는 것처럼, 〈킬 미 나우〉는 평범한 일상의 향유가 얼마나 행복한 것인지 눈물 나게 알려주며 우리를 위로한다.

투란도트 공주의 시험에 응하면서도
끌려가지는 않았던 칼라프 왕자

자코모 푸치니 작곡, 주세페 아다미, 레나토 시모니 대본의 〈투란도트〉는 전설의 시대 중국 북경을 배경으로 한 오페라이다. 푸치니의 마지막 작품으로, 이 작품을 관람한 적이 없는 관객도 아리아 '공주는 잠 못 이루고(Nessun dorma)'는 음악 프로그램, 예능 프로그램, 광고 등을 통해 들어서 익숙할 것이다. 투란도트는 자신에게 청혼하는 사람에게 세 가지 어려운 수수께끼를 내고, 이를 풀지 못하면 사형에 처하는 잔인함을 발휘하는데, 세계 각국의 왕자들이 도전했다가 번번이 처형당한다. 얼음같이 차갑지만 뛰어난 미모를 가진 공주에게 반한 타타르의 왕자 칼라프는 간신히 재회한 아버지와 본인을 사랑하는 여인 류의 만류에도 불구하고 투란도트의 마음을 얻기 위해 수수께끼 풀이에 도전한다.

왕국의 공주이고 미모 또한 뛰어났기에 투란도트에게 반한 많은 사람들은 투란도트가 정한 규칙이 합리적인지를 따지기도 전에 절대 진리로 추종한다. 관객들 역시 대부분 수수께끼 세 개를 맞춰야 하는 것을 당연한 것으로 여기면서 칼라프가 수수께끼를 맞힐지 못 맞힐지에 집중하게 된다. 만약 투란도트가 왕국의 공주도 이니고 미모도 그저 그랬다면 왕자들은 세 가지 수수께끼를 꼭 풀어야 한다고 생각했을까? 관객들 또한 그랬을까? 사회적 지위와 권위를 가진 사람이 강력하게 하는 말은 아무리 불합리하더라도 믿게 되는 것이 바람직한 방향은 아닐지라도 일반적이다. 수수께끼를 풀지 못하면 목숨을 잃어야 한다는 것이 타당한 일일까? 사랑을 위해 목숨을 바칠 수는 있다. 사랑하는 공주를 구하기 위해 목숨을 걸 수도 있다. 그렇지만 투란도트의 제안을 당연한 것으로 받아들이는 것이 과연 합리적일까? 소개팅을 갔는데 마음에 들면 대쉬해도 좋지만 내 기준에 맞지 않으면 죽일 것이라는 소리를 들었다면, 투란도트를 대했던 많은 왕자들처럼 행동할 것인가?

투란도트가 수수께끼를 내건 것은 절대 진리의 기준이 아니라 엄연한 투란도트의 취향이다. 수수께끼를 잘 푸는 지적인 남자를 좋아할 수도 있고, 특이한 수수께끼를 풀 줄 아는 특이한 남자를 좋아하는 취향을 가졌을 수도 있다. 예쁜 공주이지만 의외로 자존감이 부족해 사랑으로 남자의 마음을 얻을 수 없다고 생각하고 있을 수도 있다. 남자를 받아들이기보다 내치기에 초점을 맞춘 시험 방법을 선택한 것에서도 추정할 수 있다. 만약 투란도트가 사랑에 자신감이 있었다면, 얼마나 자기를 사랑하는지에 대한 어필을 오디션처럼 하게 요청할 수 있다. 자기가 원하는 방식으로 사랑할 수 있는 사람인지, 그 사람이 자기 마음에 얼마나 드는지 알아보는데 초점을 맞추지 않고 오로지 수수께끼를 내걸었다는 것은 그만큼 투란도트가 사랑에 대해서는 자신감과 자존감이 부족했다는 것을 뜻한다. 수수께끼를, 그것도 해박한 지식을 검증하기 위한 질문이라기보다는 난센스 같은 수수께끼를 맞힌 사람과 결혼했을 때 과연 행복할까?

〈투란도트〉를 직접 관람한 적이 없어서 대강은 알겠지만 아직 정확하게 와닿지가 않는다고 말할 독자를 위해, 하나의 사례를 가정한다. 짝짓기 리얼 예능 프로그램에서 이런 조건을 걸었다고 가정하자. 사실 '리얼 예능'이라는 것 자체부터가 모순이긴 하지만 너그럽게 넘어가자. 이 프로그램의 조건은 남자가 자기가 원하는 여자와 사귀기 위해서는 여자가 내는 난센스 같은 퀴즈를 세 개 맞혀야 한다. 맞출 경우 남자는 여자랑 사귈 수 있고, 못 맞출 경우 남자는 팔 하나를 잘라야 한다. 투란도트가 제시했던 사형에 처해야 한다고 가정할 수도 있지만 너무 비현실적이라 감정이입이 안 될 수 있어서 수위를 조절했다. 자기 마음에 드는 여자에게 거절당하면도 아니고, 퀴즈를 풀지 못하면 팔이 잘리는 것이 확실하다면 남자 출연자는 도전할 수 있을 것인가? 남자 출연자의 퀴즈 도전 여부와 상관없이 시청자들은 이 프로그램을 용납할 수 있을 것인가? 남자 출연자에 대한 우려도 만만치 않겠지만, 그런 조건을 알고 참여한 여자 출연자는 매장될 것이 분명하다.

그런데, 〈투란도트〉의 투란도트에게 관객들은 왜 너그러운 것일까? 너그러운 정도에 머물지 않고 오페라 속에서 도전하는 많은 왕자들처럼 퀴즈가 나올 때 풀겠다고 집중하는 것일까? 투란도트를 비난하기보다는 투란도트처럼 했으면 좋겠다는 생각이 드는 이유는 무엇일까? '고대', '중국 북경', '공주', '미모'라는 권위에 굴복당한 것인데 굴복당하면서도 굴복당했다는 것 자체도 인지하지 못하고 있는 것이다. 절대 진리라고 믿기 때문에 타당하지 않고 합리적이지 않으며 단지 취향일 뿐이라고 생각조차 하지 못하기 때문이다.

칼라프가 수수께끼를 맞히자 당황한 투란도트는 결혼을 거부한다. 투란도트가 당황한 이유는 수수께끼를 절대 맞히지 못할 것이라는 믿음으로 인해 그 이후의 상황에 대한 시뮬레이션이 전혀 없었기 때문이다. 즉, 애초부터 투란도트는 결혼 상대자를 수수께끼로 교를 마음이 없었고, 사랑에 대해 부족한 자신감과 자존감을 막는 방패로만 사용했던 것이다. 그러기 때문에 풀지 못하면 죽일 정도로 잔인해질 수 있는 것이다. 칼라프가 맹목적으로 투란도트의 제안을 따라갔으면 약속을 지키지 않겠다는 것에 대해 항의하거나 분노했을 것이다. 그런데, 칼라프는 다음 날까지 자기의 이름을 투란도트가 알아내면 결혼을 포기하겠다는 역제안을 한다. 주변의 반대에도 비합리적인 조건을 따라가면서도 칼라프는 속아서 따라갔다기보다는 알고 따라갔던 것이다. 그렇기 때문에 바뀐 상황에 대처할 수 있었고 결국 본인이 원하는 것을 이룰 수 있었던 것이다. 만약 투란도트의 말이 절대 진리라고 칼라프가 굳게 믿었다면 약속을 깨고 결혼을 거부한 것에 대해서도 추종해야 할 진리라고 여겨 결국 포기했을 수도 있다.

상대방의 취향을 따르지 않는 것 또한 나의 또 다른 취향이다

PMC프러덕션 제작, 김동연 연출, 이지현 작/작사, 황미나 작곡의 어른이 뮤지컬 <난쟁이들>은 대학로 TOM(티오엠) 1관에서 공연된 작품이다. 이 작품은 남자 버전 신데렐라 스토리라고 볼 수 있는데, 대중들에게 친숙한 동화인 『신데렐라』, 『백설공주』, 『인어공주』를 바탕으로 한 이야기에 기발한 상상력이 더해져, 현실을 살아가고 있는 남자들의 심리를 반영한 작품이다. 남자가 힘과 권위의 상징이 아니라, 그런 능력을 가진 여자를 만나 인생역전을 꿈꾸는 대상으로 묘사돼 특히 관객들로부터 큰 공감을 얻고 있다는 것이 흥미롭다. <난쟁이들>의 등장인물은 상대가 말하는 것은 틀렸거나 개별적인 취향이며 자기가 말하는 것이 기준이자 진리라고 하는 경우가 많은데, 상대방의 취향을 따르지 않는 것 자체도 나의 또 다른 취향이라는 것을 느끼게 만든다.

왕자 공주들의 아름다운 사랑이 이루어지는 동화 나라의 난쟁이 마을에 찰리(윤석현, 조형균, 신주협 분)가 살고 있다. 찰리는 답답한 현실에서 벗어나기를 원하며 인생역전을 꿈꾸는 동화나라의 평범한 난쟁이이다. 그는 다른 난쟁이들처럼 광산에서 하루 종일 보석을 캐지만, 아무리 열심히 벌어봤자 답답한 현실에서 벗어날 희망이 보이지 않는다. 그러던 어느 날, 동화 나라에 무도회가 열린다는 공고가 나는데, 무도회에서 사랑에 빠져 키스를 하는 커플이 새로운 동화의 주인공이 된다는 내용이었다. 찰리는 늙은 난쟁이 빅(원종환, 최호중, 강정우 분)을 졸라 신데렐라(전민준 분)를 공주로 만들어준 마법사 할머니를 찾아가 난쟁이의 모습이 아닌 키가 큰 사람으로 만들어달라고 부탁한다.

신데렐라, 인어공주(유연, 백은혜 분), 백설공주(최유하, 신의정 분) 모두 각각의 개별적 동화에서 주인공이었기 때문에 자기의 말이 맞는다는 확신을 모두 가지고 있다. 자기가 한 경험이 모든 판단의 기준이고 자기가 생각하는 것이 모두 맞는다고 생각한다. 흥미로운 점은 다른 사람이 이야기하는 것은 잘못됐거나 혹은 사소한 개인적 취향이라고 치부해버린다는 점이다. 약간의 비하와 멸시를 포함한 이런 반응을 보일 때, 상대방이 나와 동등한 레벨에 있지만 다르다는 태도가 아닌, 내가 더 상위에 있고 내가 맞는다는 태도를 취한다. 그런데, 또 다른 주인공이 볼 때 그 인물 또한 진리가 아닌 취향을 설파하고 있는 것인데, 돌고 돌면 각각의 인물은 모두 일정 부분 상황에 맞는 진리이면서도 또 일정 부분 취향인 이야기를 신념을 가지고 하는 것이다.

〈난쟁이들〉을 보면 상대방의 취향을 따르지 않는 것은 그것이 진리이거나 나의 신념이기 때문이 아니라 나의 취향과 맞지 않기 때문일 수 있다는 것을 알게 된다. 상대방의 취향을 절대 진리로 잘못 받아들여 그에 부합되지 않는 자기를 자책하며 괴로워하지 말아야 하는 것처럼, 나 또한 나의 취향을 절대 진리라고 주장해 상대방에게 상처를 입히지 말아야 하는 것이다. 그런데, 실제적으로는 그게 그렇게 잘 되지는 않는다. 왜냐면, 나의 신념과 확신이 나의 취향일 수도 있다는 것을 인정하는 순간, 나는 아무것도 남아 있지 않은 멸절의 두려움에 빠질 수도 있기 때문이다. 자존감과 자부심이 알맹이까지 채워져 있는 게 아니라 상대가 볼 때는 강해보여도 실제로는 겨우 버티고 있는 중이기 때문에 쉽게 나를 내려놓을 수도, 내 신념과 확신 또한 취향이라고 가정하거나 인정할 수 없는 것이다.

박광호의 통제감,
왜 자신을 숨겨야 했는가?

신용휘 연출, 이은미 극본의 OCN 토일드라마 <터널>은 1980년대 여성 연쇄 살인 사건의 범인을 찾던 주인공이 2016년으로 타임 슬립, 과거와 현재의 연결고리를 발견하며 다시 시작된 30년 전 연쇄 살인 사건을 해결해나가는 범죄 수사물이다. 강력계 형사인 1958년생 박광호(최진혁 분)는 사람 수사의 달인이다. 10여 년을 강력반 형사로 구르다 보니 생긴 지론이 있는데, '누군가 봤고 누군가 들었고 누군가 알고 있다'라는 것이다. 그래서 저인망식 어선마냥 피해자, 용의자 주변을 바닥까지 싹싹 긁어 단서를 잡았다. 광호가 타임 슬립을 통해 2016년으로 넘어 갔을 때 강력계 형사들의 수사 방법은 예전과 많이 달라졌는데, 자신의 방식이 아니기 때문에 광호는 2016년 수사 방식을 바로 따를 수 없었다. 2016년 방식이 옳은지 아닌지를 따지기 전에 자신의 방법으로 지금까지 성과를 냈기 때문이다. 어떤 수사 방법이 진리인지에 대해 광호와 2016년의 강력계 형사 김선재(윤현민 분)는 갈등하고 대립할 수밖에 없는데, 상대방의 방법이 각자의 취향과 선택이라고 생각하고 서로를 인정하면서 시너지는 발생하기 시작한다. 상대방의 수사 방법은 그 사람의 수사 방법이고 나의 방법은 진리라고 각자 생각했던 광호와 선재는, 대립과 갈등을 겪었지만 서로 긍정적인 영향력을 미쳐 각각의 방법이 특정한 조건에서 더 유리할 수 있다고 받아들이는 유연성을 가지게 된다.

〈터널〉은 첫 방송부터 심정적 살인에 자책하는 사람들의 모습을 보여줬다. 막내 대원은 연쇄 살인 사건을 미리 막지 못했다는 자책감에 괴로워한다. '그래도 나 때문이다'라고 생각하는 마음은 실제 생활에서도 책임감이 강한 형사, 소방관, 119 구급대원, 의사 등 위기 상황에서 활동하는 많은 사람들의 마음속에 짐으로 남아 있을 수 있다. 형사에게 심리적인 죄책감과 책임감을 부여했다는 점은 앞으로 이 드라마가 사건을 대할 때 어떤 톤을 유지할지 짐작하게 만들었는데, 심리적인 죄책감은 현업에서 실무를 뛰는 사람들에게는 무척 중요한 화두일 수 있다. 심리적인 죄책감을 부여하는 것이 타당한 게 아니지만, 실제로 현실에서 그 직업에 종사하는 사람들이 불필요한 죄책감을 가진다는 사실을 공유했다는 것만으로도 큰 의의가 있다.

우리는 살면서 가끔 이런 상상을 할 수 있다. 30년 전 그 사람을 그때 그 모습으로 볼 수 있다면? 이 사람의 30년 후 모습은 어떨까? 2016년 현재는 강력1팀 팀장이지만 30년 전에는 광호의 후배였던 전성식(조희봉 분)과 광호는 30년 후에 한 명은 30년 전 모습으로, 한 명은 30년이 지난 모습으로 만났다. 성식과 광호는 모두 심리적 갈등을 겪을 수 있는 상황에 놓이게 된다. 광호가 〈터널〉에서 보여주는 통제감은, 사건 자체를 통제할 수는 없지만, 자신이 어떻게 반응할지에 대한 통제로 이어진다는 점이 주목된다. 2016년에는 또 다른 박광호인 1988년생 박광호(차학연 분)가 있었는데, 1988년생 광호로 오해받은 1958년생 광호는 자신의 정체를 일단 숨긴다. 다른 사람으로 당분간 살기로 결정한 1958년생 광호는 변화에 대한 통제감을 자신의 반응으로 조절한다. 자신의 이야기와 행동에 대해 다른 사람들이 리액션을 보이지 않을 때는 더 크게 액션을 보이며, 다른 사람이 리액션을 보일 때는 오히려 숨긴다는 점에서 이를 확인할 수 있다. 알리고 싶은 마음과 알리지 않고 싶은 마음은 광호뿐만 아니라, 어떤 새로운 상황에 닥친 사람이 가질 수 있는 중요한 심리로 볼 수 있다. 안정감과 안전감을 위해 자신이 사건을 통제할 수 없다면, 자신의 반응을 통제하는 모습은 주의 깊게 살펴볼 필요가 있다.

제5장

내가 강하게 믿는
신념 또한
취향이라고 가정한다

- 실제로 겸손해질 수 있다

가정을 할 수 있는 용기

　　나에게 영향력을 줄 수 있는 의미 있는 타자가 확신을 가지고 강하게 하는 말 중에는 절대 진리가 아닌 개인의 취향이 반영된 경우가 많다는 것을 알게 되면, 마음의 짐을 꽤 많이 내려놓을 수 있다. 그러면서, 지금까지 잘못됐다고만 여겼던 내 생각이 맞을 수도 있다는 것을 바로 지나가 맞는다는, 그리고 지금까지도 계속 맞아왔다는 생각을 하게 되고, 결국 확신으로 발전하게 될 것이다.

　　내가 나와 다른 사람에게 보편적인 공감대와 좋은 영향력을 줄 수 있는 사람이 되기 위해서는, 내가 강하게 믿는 신념과 원칙 또한 취향일 수 있다고 가정할 수 있어야 한다. 의미 있는 상대방이 절대 진리가 아닌 취향일 수 있다고 여겨짐과 동시에 순차적으로 나를 절대 진리의 위치에 올려놓을 수 있는데, 나 또한 취향일 수 있다고 가정하는 것은 당연한 일이기도 하고 합리적인 선택이기도 하다.

절대 진리라고 믿었던 것이 취향이었다는 사실에 직면하기는 쉽지 않다. 직면은 어떤 일이나 사물을 있는 그대로 접하는 것을 뜻하는데, 있는 그대로 보기, 있는 그대로 받아들이기는 정말 어렵다. 뭐 그게 그리 어려운 일이냐고 하면서 "나는 모든 일을 있는 그대로 직면한다"라고 말하는 사람은 실제 직면하고 있다기보다는 부분이 아닌 전체를 회피하면서 인지를 왜곡하고 있을 가능성도 있다. 거짓에 절어 있는 인간이라고 비난할 수도 있겠지만, 얼마나 힘들면 직면 자체를 왜곡하고 있을까 생각하면 그 사람에게 안타까운 마음이 들 수도 있다.

많은 사람들이 자신은 모든 일에 직면해서 해결한다고 생각하고 있지만, 실제로는 크고 작은, 짧거나 긴 회피와 왜곡을 선택하고 있는 경우가 많다. 직면을 감당하기 너무 힘들기 때문이기도 하고, 나를 보호하기 위한 시간을 벌기 위해서 본능적으로 그렇게 할 수 있다. 물론 이런 선택은 의식이 하기보다는 무의식이 하기 때문에 스스로는 잘 알 수가 없는 것이 사실이다.

실제로 겸손해질 수 있다

　　나의 강한 신념이 절대 진리라고 믿으면, 다른 사람들은 잘못됐거나 혹은 현저하게 부족하다고 생각할 수밖에 없다. 어떤 누가 나에게 했던 방식으로 똑같이 나도 다른 사람에게 대할 수 있는 것이다. 취향을 절대 진리로 잘못 생각할 경우의 위험성이다.

　　내 신념이 취향일 수 있다는 것을 가정하는 것만으로도 겸손해지기 시작했다고 볼 수 있는데, 실제로 그렇게 가정하면 겸손해질 수 있다. 상상력이 부족한 사람은 이해력 또한 부족하다는 이야기가 있다. "나는 그런 걸 이해할 수가 없어"라고 말하는 것보다 "나는 그런 것 자체를 상상할 수조차 없어"라고 말하는 게 훨씬 더 강력한 표현이라는 것을 알 수 있는데, 남이 하는 이상한 것 같은 행동이 일단 상상이 돼야 이해할 수 있는데, 상상조차 되지 않는다면 이해하기는 정말 어려워지기 때문이다.

지금 나의 굳은 신념과 확신 또한 취향일 수도 있다고 상상해보자. 막연히 상상하기보다 구체적으로 나에게 해당되는 것을 꺼내 상상해보자. 실제 시도하면 내 신념과 확신을 취향이라고 상상하는 것은 결코 쉬운 일이 아니라는 것을 경험할 수 있다. 왜냐면 그렇게 상상하는 순간 나는 점점 더 초라해지고 작아지기 시작하며 결국 하나도 남지 않고 없어질 수도 있다는 두려움이 생길 수 있기 때문이다. 나를 지탱해주던 강인함이 유연성을 갖는 순간 나는 '휘청'거릴 수 있다.

결코 쉽지 않은 취향이라는 상상을 할 수 있으면, 겸손해질 수 있는 가능성이 급격하게 커진다. 내 이야기라고 직면하기 힘들면, 나를 힘들게 했던 상대방이라고 가정해 보자. 상대방이 절대 진리처럼 말하던 것이 취향이라는 것을 상대방 스스로 깨달으면 상대방은 더욱 오만해질까, 아니면 최소한 일시적이라도 겸손해질까? 내 이야기가 아니라고 생각하면 답은 쉽게 찾을 수 있다. 그만큼 직면하기, 직면한 것을 인정하기는 어렵다.

겸손해지면,
모두에게 긍정직인 영향력을
줄 수 있다

내 주변의 사람들, 특히 영향력 있는 이런 사람들의 말은 절대 진리처럼 생각되기 쉽고, 특히 내가 그 말에 동의했을 경우 그 영향력은 내 인생의 엄청난 시간을 지배할 수도 있다. 그게 좋은 방향으로 흐르면 참 다행이지만, 그렇지 않을 경우 쓸데없이 많은 시간과 마음, 열정, 에너지를 낭비한 것일 수 있다. 이것은 다른 사람이 내게 미치는 악영향인데, 나 또한 내가 모르는 동안에 다른 사람에게 그렇게 하고 있을 수도 있다.

영향력 있는 사람들이 말하는 절대 진리는 대부분 그 사람의 취향일 가능성이 많다. 취향이기 때문에 절대 거짓 또한 아니고 상황에 따라 맞을 수도 맞지 않을 수도 있는, 개인의 취향인 것이다. 특히 강하게 강조하며 그것을 이해하지 못하거나 믿지 못하고 따르지 않는 것을 죄악처럼 말하는 것은, 냉정하게 살펴보면 그냥 독특하고 배타적인 취향에 지나지 않을 가능성이 많다.

내 신념과 확신 또한 취향일 수 있다는 것을 가정한 후 겸손해지면, 나는 나와 다른 사람에게 긍정적인 영향력을 줄 수 있다. 글쓰기에 대한 필자의 경험은 이를 증명하는 하나의 예가 될 수 있다.

초등학교와 중고등학교를 다닐 때 국어시간에 간접적으로 글쓰기를 배운 것을 제외하면 필자는 이론적으로 글쓰기를 제대로 배운 적이 없다. 그렇지만 영화 시나리오 작가, 뮤지컬 대본 작가의 꿈을 가지고 있었기에 건설회사 다닐 때도 작품을 쓰려고 시도했었다. 정규 과정을 배운 적이 없었던 필자는 업계에 있는 사람의 이야기를 믿을 수밖에 없었는데, 당시에는 그것이 진리라고 믿었으나 시간이 지나면서 진리가 아니라고 생각했고 시간이 더 지나면서 진리가 아닌 게 아니라 취향이라는 것을 알게 됐다.

필자는 현재 문화예술 리뷰 담당 기자이다. 영화(애니메이션 포함), 클래식과 오페라, 발레와 무용, 뮤지컬과 연극, 미술, 국악, 콘서트와 드라마의 리뷰를 쓰는데, 이렇게 다양한 분야에 도전하는 동안에 다른 사람에 의해 좌절할 위기가 여러 차례 있었다. 영화 시나리오 작가가 되고 싶었던 필자는 최신 영화를 보기 위해 언론배급 시사회에 가야 했고, 한국영화마케팅사협회(Korean Film Marketers Association; KFMA)에 등록하기 위해 영화 리뷰를 몇 편과 그때 봤던 뮤지컬 리뷰를 게재했는데 예상하지 못했었지만 반응이 좋았다. 그래서 더 많이 쓰게 됐고 점차 장르를 확대했다.

리뷰를 쓰기 시작했지만 필자가 스스로 잘 쓰고 있다는 확신을 처음부터 가졌을까? 당연히 아니다. 이렇게 써도 되는지, 너무 수준이 낮은 것은 아닌지, 너무 내 마음대로 쓰는 것은 아닌지 고민했었다. 처음처럼은 아니지만 지금도 이런 고민은 가끔 한다. 그 당시에 나에게 많은 사람들은 "글쓰기는 이렇게 하는 것이다", "공연 리뷰, 특히 무용 리뷰는 아무나 쓰는 것이 아니다. 무용에 대해 배운 적이 없는 네가 마음대로 쓰면 매장된다", "네가 뭘 안다고 전문 분야의 리뷰를 쓰느냐?"라는 식의 말을 수없이 많이 했고, 확신이 없었던 필자는 흔들릴 수밖에 없었다.

나중에 알게 된 것인데 새롭게 시작하려는 사람에게 평론가들 또는 그 언저리에 있는 사람들이 만든 진입장벽이었을 뿐이지, 진리와는 절대 연관이 없는 것이었다. 이런 핵심을 파악하기 전까지 필자 또한 많은 시간을 낭비했다. '전문 분야'라는 용어에 많은 시간을 들여 고민을 했는데, 필자가 내린 결론은 그 용어 또한 그것을 사용한 사람의 취향일 뿐이라는 것이다. 오페라, 발레, 무용, 미술, 국악은 전문 분야이고, 영화, 뮤지컬, 연극은 비전문 분야라는 분류가 무슨 합리성을 가지고 있는가? 지금도 그런 식으로 이야기하는 관계자들이 있는데, 필자는 그들이 편협한 마음으로 해당 장르의 발전과 대중화를 가로막는 걸림돌이라고 생각한다.

리뷰를 쓰는 기준과 콘셉트가 무엇인지 묻는 사람이 많았는데, 사실 그런 것을 세워놓고 리뷰를 쓰지 않아서 없다고 처음에는 솔직하게 말했다. 그러고 나서 생각하니 내가 다른 리뷰어들보다는 관객들의 입장에 가깝다는 것을 깨닫게 됐고, 처음 시작할 때 관객의 마음이었기 때문에 "관객의 입장에서 쓴다"라고 대답하기 시작했다. 지금도 이런 초심을 지키려고 노력하기는 하는데, 점점 건방져져서 나 또한 물어오는 다른 사람들에게 지적질을 할 때도 있다.

다만 다행인 것은, 강력하게 말한 뒤 확신을 가지고 있지만 이 또한 나의 취향일 수 있다고 필자는 상대방에게 말해주기도 하는 점이다. 실제로 그럴 수 있기 때문인데, 스스로의 취향이라고 인정해서라기보다는 나 또한 그런 오류를 저지를 수 있다는 일반적인 가정을 받아들이기 때문이다. 솔직히 내가 하는 일이 잘못됐다고 생각이 드는 것은 아니다. 만약 그렇게 생각됐다면 고쳐서 더 발전적인 방향으로 빨리 나갈 수 있을 것이다. 다만 정말 다행이라고 스스로 위안을 삼는 점은, 내가 확신하는 게 진리가 아니라 취향일 수 있다는 것을 언제든 가정한다는 것이다. 물론 그럼에도 불구하고 지금도 많은 실수를 하고 있을 것이다.

상처받지 마라,
취향일 뿐이다

틀리다, 다르다, 다양하다

'틀리다', '다르다', '다양하다'의 차이는 무엇일까? 대부분의 사람들은 '틀리다', '다르다'의 차이는 잘 알고 있지만, '틀리다', '다르다', '다양하다'의 차이는 잘 모르는 경향이 있다. 또한, '틀리다', '다르다'의 차이는 알고 있지만 해석해서 적용할 때는 매우 위험한 적용을 하는 경우도 많다.

'틀리다'라는 말은 '상대방은 틀리다'를 뜻하기 때문에 '나는 맞다'라는 뉘앙스를 포함한다. 즉, '나는 맞고 상대방은 틀리다'라는 의미인데, 나와 상대방을 배타적으로 분리했고, 내가 진리일 경우 상대방은 진리가 아니라는 메시지를 강하게 담고 있다. '내 생각은 그렇지 않아'라고 말하기보다 '네가 틀렸어'라고 말하게 것은 매우 큰 차이를 가지고 있는데, 이 말은 내 말에 배타적인 확신을 가질 때 사용하기도 하지만 내 말이 진압당할 수 있다고 생각될 때 선제공격처럼 사용하는 경우도 많다.

'틀리다'가 아니라 '다르다'라고 말하는 게 맞는다고 말하는 사람들이 많다. 실제로 많은 사람들은 그렇게 믿는다. '틀리다'보다 '다르다'가 진일보한 개념인 것은 분명하다. 그렇지만 '다르다'에는 나와 남을 구분하는 분명한 기준이 포함돼 있다. 별개의 존재라는 것이 강조된 표현인데, '틀리다'가 혐오를 내포하고 있다면 '다르다'는 혐오까지는 아니지만 차별을 내포하고 있는 표현이다.

'다양하다'라는 표현은 진리에 대한 판단이나 너와 나의 배타적 구분을 하지 않고 있는 그대로의 존중, 다양성에 대한 인정을 내포하고 있는 표현이다. 작품성, 예술성이 뛰어난 소규모의 영화를 예전에는 '저예산 영화'라고 불렀는데, 이제는 '다양성 영화'라고 부른다. '저예산 영화'는 상업영화에 대비해 제작비가 충분하지 못하는 차별성에 초점을 맞춘 말인데, '다양성 영화'라는 말은 작품성과 예술성으로 볼 때 다양한 매력과 가치가 있는 영화라는 것을 뜻하는 말이라는 점에 주목할 필요가 있다.

'틀리다'라는 개념으로 보면 다른 사람이 강한 확신을 가지고 절대 진리처럼 말했을 경우 나는 정말로 '틀린' 사람이거나 그런 행동이나 생각을 한 사람인 것이다. '틀리다'라는 개념을 기준으로 삼을 경우 취향이라는 결론까지 도출될 수 없다. '다르다'는 비난의 의미가 줄어들기는 하지만 여전히 절대 진리라는 뉘앙스를 포함하고 있다. '다르다'에 취향을 적용하면 취향의 참, 거짓으로 논점이 흐려

짤 수도 있다. '다양하다'는 말 그대로 다양성을 포함한 개념으로 취향이라는 관점에서 볼 수 있는 명확한 근거가 된다.

내가 불필요한 상처를 받지 않으려면, 내가 불필요한 상처를 주지 않으려면, 절대 진리처럼 말하는 오류를 범하지 않으려면, '틀리다', '다르다'보다는 '다양하다'라는 표현이 입에 익숙해야 한다. 지금까지 해오던 습관으로 '틀리다' 또는 '다르다'라는 말을 계속하면, 취향임에도 불구하고 쓸데없이 상처받고 상처 주는 행동을 반복할 수 있다.

입에 익숙해지기 위해서 첫 장에서 했던 것처럼 소리 내서 따라 해 보자.

　　　　"다양하다."
　　　　"다양하다."
　　　　"다양하다."

눈을 감고 자신의 입 모양에만 집중해 소리 내서 따라해 보자.

　　　　"다양하다."
　　　　"다양하다."
　　　　"다양하다."

눈을 뜨고 글자가 가진 의미를 음미하면서 천천히 따라서 읽어
보자.

"나는 다양하다. 나의 다양성은 취향이다."
"너는 다양하다. 너의 다양성은 취향이다."
"우리는 다양하다. 우리의 다양성은 취향이다."
"나와 네가 함께 있는 우리는 다양하다. 우리의 다양성은 취향이다."

말은 힘이고 글은 권력이라고 한다. 지금 소리 내서 크게 외쳤지
만 아직 마음을 크게 흔들지 않고 있다면, 글로 써보기를 추천한
다. 컴퓨터나 스마트폰을 열고 자판으로 입력하는 것도 좋지만, 글
자체의 마력을 믿는다면 실제로 종이에 써보기를 추천한다. 자판
에 입력하기보다 종이에 글로 쓸 때 뇌가 더욱 동조를 보일 것이며
잠재의식까지 깊이 들어갈 수 있을 것이다. 인류 역사를 볼 때 자
판으로 글을 쓸 때보다 종이에 글을 쓸 때 더 많이 뇌를 써왔기 때
문에 잠재의식으로의 입력, 잠재의식에 대한 자극이 더 효율적이
기 때문이다. 컴퓨터에서 글을 작성하다가 막혔을 때 종이에 글씨
를 쓰면 글이 써지는 경험이 작가들에게는 있을 것이다. 태블릿 기
기에 자판이 있음에도 불구하고 실제 글을 쓰는 것처럼 메모장 기
능이 추가되는 것 또한 같은 맥락에서 받아들일 수 있다.

"그게 바로 나야"라고 인정할 수 있는 용기

정동극장, CJ문화재단 제작, 변정주 연출, 정은영 작, 박윤솔 연출의 〈판〉은 정동극장에서 공연된 뮤지컬이다. 19세기 말 조선, 춘섬(최은실 분)의 매설방(이야기방)에서 잽이들의 장단이 들려오자, 달수(김지철 분)는 부채를 접고 한때 양반가의 도련님이었던 자신이 어떻게 유명한 이야기꾼이 되었는지 이야기를 시작한다.

몇 년 전, 서민들 사이에서 흉흉한 세상을 풍자하는 패관소설이 퍼지자 세책가를 중심으로 소설을 모두 거두어 불태우라는 명령이 떨어진다. 과거 시험에는 별다른 관심이 없던 철부지 도련님 달수는 어느 날 서책가 앞에서 우연히 보게 된 이덕(유주혜 분)에게 반하고, 무작정 그녀를 따라가다가 한 매설방 앞에 당도한다. 살짝 열린 문 틈 사이로 새어 나오는 이야기꾼의 매력적인 목소리와 여인들의 들뜬 호흡소리를 듣게 되는데, 목소리의 주인공은 전국 팔도 매설방을 돌아다니며 특별한 기술로 여인들에게 사랑받았던 희대의 이야기꾼 호태(김지훈 분)이었다. 달수는 호태로 인해 금지된 이야기의 맛에 빠지게 되고, 급기야 호태를 따라다니며 '낭독의 기술'까지 전수받는다. 자신보다 신분이 낮은 호태를 스승으로 따르게 된 호태는 낮에는 양반가의 도련님으로, 밤에는 야담을 읽는 이야기꾼으로 이중생활을 시작한다.

자신이 양반이면서 양반을 풍자하는 이야기를 할 때 달수는 더욱 살아 있는 모습을 보이는데, 그렇다고 달수가 처음부터 양반주의를 거부하며 저항했던 사람은 아니었다는 점을 짚고 넘어갈 필요가 있다. 자기를 스승으로 여기려면 자기의 말을 듣고 따라야 한다고 말하는 호태에게 달수는 처음에 우월적 지위를 그대로 유지하면서 하대했다. 낭독의 기술을 익혀 전기수가 되고 싶었지만, 양반의 지위는 그대로 유지하고 싶어 한 것이다.

〈판〉에서 스승과 제자가 된 초창기에도 호태와 달수는 서로 자신의 의견을 강력하게 말했다. 달수는 호태에게 양반에 대해 뭘 아냐는 태도를 취하기도 했고, 호태는 달수에게 전기수는 이래야 하는 것이라고 하면서 자기의 스타일을 고집했다. 양반이 아닌 호태는 달수의 말을 대놓고 거부할 수도 없고, 아직 배울 게 많은 달수는 호태가 하는 방식을 교과서처럼 생각할 수밖에 없었던 것이다. 분명 개인의 성향과 취향이 들어간 이야기를 두 사람은 서로에게 확신에 찬 진리로 이야기했었다.

자기만이 확고한 이야기판의 모범이라고 자신했던 호태는 달수를 인정하기 시작하면서 자기가 하는 이야기의 방식에 스스로의 취향이 들어갔을 것이라는 것 또한 인정하기 시작한다. 이야기판에서 아직 달수는 부채를 사용하면 안 된다고 했던 호태는 달수에게 부채를 사용하게 함과 동시에 이야기를 펼칠 때 달수의 특기를 살려 달수식으로 해도 된다고 인정한다. 강력하게 말했던 원칙과 신념에는 스타일이라는 취향이 들어 있다는 것을 인정하면서 호태와 달수는 서로에게 겸손해지고 두 사람의 우정은 깊어진다.

달수와 호태는 각각 서로가 가지지 못한 것을 가졌고, 자기가 어느 방면에서는 큰 결핍이 있다는 것을 알기 때문에 가진 것을 더욱 강조할 수밖에 없었던 것이다. 달수와 호태의 모습을 보면, 상대방이 강력하게 말하면서 절대 굽히지 않는 것은 강한 신념과 확신일 수도 있겠지만 자신의 나약함을 보여주지 않고 버티려는 항변이었다는 것을 알 수 있다. 처음에 달수와 호태가 서로에게 그랬던 것처럼, 우리는 내가 잘 모르거나 없는 것에 대해 누가 강한 확신을 가지고 나와 반대된 주장을 하면 그것을 일단 진리로 여기며 따라가게 된다. 일단 진리로 여기면 결코 안 된다가 아니라, 상대방의 말을 일단 진리로 가정할 수 있다면 일단 취향으로도 가정할 수 있어야 한다는 것이다. 또한, 나도 모르게 고집을 피우며 강하게 집착하는 것이 있다면 그것은 내가 신념과 확신을 가졌기 때문일 수도 있지만, 부족한 나의 어떤 면을 감추기 위해 무의식적으로 집착하고 있을 수도 있다고 한 번 가정해보는 여유를 가져야 한다.

여자에 대한 믿음?

- 그런 스타일의 여자들을 좋아했던 본인들의 성향을 인정?

볼프강 아마데우스 모차르트 작곡, 로렌초 다 폰테 대본의 〈코지 판 투테(여자는 다 그래)〉는 사랑을 약속하고 맹세한 내 연인이 나와 잠시 떨어져 있는 동안 다른 이성에게 마음을 빼앗길 가능성에 대한 질문을 던지는 오페라이다. 열렬히 사랑해 결혼까지 약속한 약혼녀들이 흔들리고 마음이 동하는 것에 약혼남들은 적잖이 충격을 받는다. 오페라에서 약혼남의 믿음은 여자에 대한 믿음, 약혼녀에 대한 믿음이기도 했지만 그런 스타일의 여자를 좋아했던 본인의 성향이었다는 것을 결국 직간접적으로 인정하게 된다. 믿음에 대한 자신감이 자만이었다는 것을 알게 되면서 약혼남들은 겸손하게 되는데, 흔들리고 변심하는 약혼녀에 초점을 맞추지 않고 약혼남의 내면 심리에 초점을 맞추면 정말 겸손해질 수 있는 근거를 하나 찾을 수 있다.

피오르딜리지, 도라벨라 자매와 각각 약혼한 젊음 장교 굴리 엘모, 페란도는 자기 약혼녀의 미모와 정숙함을 자랑한다. 외모만 예쁜 게 아니라 다른 남자에게는 관심도 없다면서 정숙함을 강조한다. 두 약혼남은 '여자의 신의는 믿을 게 못 된다' 라는 실학자 돈 알폰소아이 논쟁 끝에 약혼녀의 정절을 두고 돈을 건 내기를 한다. 돈 알폰소는 자매에게 약혼자들이 전쟁터에 나가게 됐다고 거짓말을 하고, 약혼자들을 부유한 외국인으로 변장시켜 서로 다른 약혼녀에게 열정적으로 사랑을 고백하고 구애하도록 시킨다. 약혼자가 전쟁에 나간 걸 비관해 자살하겠다고 까지 했던 자매는 시녀 데스피나까지 가담해 자신들을 속이며 외국인으로 변장한 남자들이 약을 먹고 자살소동까지 벌이자 결국 차례로 유혹에 넘어가면서 이야기는 반전을 시작한다.

굴리 엘모와 페란도의 여자에 대한 믿음은 여자에 대한 불신으로 바뀌고, 피오르딜리지와 도라벨라에 대한 믿음과 사랑은 불신과 미움으로 바뀐다. 사랑으로 영원할 것이라고 믿었지만 24시간도 채 지나지 않아 상대방의 믿음도 흔들렸고 상대방을 향한 나의 믿음도 흔들린 것이다. 만약에 이렇게 된 상태에서 오페라가 마무리됐으면 작은 장난으로 시작된 불씨가 울창했던 산을 다 태워버린 격이 됐을 것인데, 사건의 전말이 다 밝혀지고 나서 서로 사과하고 화해한다. 약혼남의 입장에서 봤을 때는 약혼녀가 그 짧은 시간 내에 변심한 것에 화가 날 수 있고, 약혼녀의 입장에서 봤을 때는 자신들을 믿지 못하고 시험을 한 것에 화가 날 수 있고 게다가 그것에 대해 돈 내기를 했다는 것에 더 화가 났을 수 있다. 만약 그들이 확고했던 믿음에 집착하며 정의의 칼을 계속 휘둘렀으면 상대방과 자신을 모두 훼손시켰을 수 있고, 헤어지는 것으로 끝나지 않고 이제는 더 이상 여자를, 그리고 남자를 믿지 못하게 됐을 수 있다.

그들은 각자가 잘못했다는 것을 밝히며 사과했고, 그들의 사랑은 원칙과 규칙의 범주에서 판단할 게 아니라 각자의 선택이라는 것을 깨달으면서 모두 다 겸손해졌다. 강한 확신을 진리라고 믿었을 때는 철학자 돈 알폰소와 내기를 해도 이길 것이라는 자신감과 자만심이 있었는데, 취향과 선택의 문제라는 것을 깨달은 후에는 겸손해질 수 있었던 것이다.

[사례 5-3] 드라마 <청춘시대>, <청춘시대2>

선배가 뭐 그리 대단한 특권인가?

- 내가 나와 남에게 모두 긍정적인 영향력이 있는
의미 있는 사람이 되고 싶으면 겸손해져야 한다

이태곤, 김상호 연출, 박연선 극본의 JTBC 금토드라마 <청춘시대>, <청춘시대 2>는 외모부터 성격, 전공, 남자 취향, 연애 스타일까지 모두 다른 5명의 매력적인 청춘들이 셰어하우스 벨 에포크에 모여 살며 벌어지는 청춘 셰어 라이프와 그 1년 후 모습을 담고 있다. 벨 에포크에 사는 하메(하우스메이트)들은 모두 20대이다. <청춘시대>의 유은재(박혜수 분) 20세, 정예은(한승연 분) 22세, 송지원(박은빈 분) 22세, 강이나(류화영 분) 24세, 윤진명(한예리 분) 28세이다. <청춘시대2>는 그보다 1년 뒤의 이야기로 유은재 역 배우가 지우로 변경됐고, 강이나가 벨 에포크를 나가고 조은(최아라 분)이 막내로 들어왔지만 모두 20대이다. 50대, 60대까지 가지 않더라도 30대, 40대가 볼 때는 벨 에포크의 하메들은 그냥 같은 또래들이다. 그렇지만, 그들 사이에서는 대학교를 한두 해 먼저 들어오고, 사회에 몇 년 먼저 나갔다는 것으로 엄청나게 앞선 경험을 가졌다고 생각할 수 있다.

20대 때의 1년, 2년은 물론 큰 차이가 있을 수 있고 그 기간을 얼마나 촘촘하게 채웠느냐에 따라 인생이 달라질 수도 있다. 그 기간의 소중함을 알아야 함과 동시에 그 기간을 먼저 거쳤다고 자만하면 안 되는 것이다. 〈청춘시대〉의 초반과는 다르게 〈청춘시대2〉에서 하메들은 더욱 친밀한 모습을 보이는데, 〈청춘시대〉가 진행된 기간, 그리고 〈청춘시대2〉가 시작되기 전까지의 공백인 1년 동안 그들이 서로를 더 많이 이해하고 받아들였기 때문으로 생각된다. 각자의 개성을 그대로 가지고 있으면서도 하메들은 〈청춘시대2〉에서 서로에게는 무척 겸손해졌는데, 그렇기 때문에 다른 사람에게 긍정적인 영향력을 주게 된 것이다.

〈청춘시대2〉 제3회에서는 정신과 치료를 받는다는 사실이 알려지면서 스트레스를 받는 예은의 모습을 볼 수 있었다. "괜찮아"라는 말을 스스로 반복하는데, "괜찮아"라는 말을 다른 사람에게 들으면서 위로받고 치유받는 게 아니라 스스로 자신을 방어하기 위해 쓰기 때문에 다른 뉘앙스로 느껴진다. "사람들은 나에게 관심이 없다"라는 메시지가 전달된 것인데, 다른 사람들이 가십처럼 이야기하는 것 또한 별로 큰 관심이 없기 때문에 마구 말하는 것이라는 점을 느낄 수 있다. 남의 일이라고 가십처럼 함부로 말하는 사람들은 세상에 참 많은데, 내 말이 영향력이 있는 말이 되기를 원한다면 겸손해야 한다는 것을 하메들의 변화를 보면서 깨달을 수 있다.

틀리다, 다르다, 다양하다

○

라시드 드자이다니 감독의 〈파리 투 마르세유: 2주간의 여행〉(이하 〈파리 투 마르세유〉)은 자유로운 영혼의 청년 래퍼 파훅(사덱 분)과 고집불통 아재 세르쥬(제라르 드빠르디유 분)의 2주간의 특별한 여행을 담고 있는 영화이다. 랩 실력 하나로 프랑스 파리를 휘어잡은 힙합 스타 파훅은 2주 후 마르세유에서 있을 콘서트 무대에 설 절호의 기회를 앞두고 라이벌 래퍼와의 극심한 트러블로 생명의 위협을 받게 된다. 어쩔 수 없이 파리를 잠시 떠나있기로 한 그는 자신의 프로듀서이자 절친인 빌랄(니콜라스 마레투 분)의 보수적이고 고집불통인 아버지 세르쥬의 순례 여행길에 운전사로 고용돼 뜻밖의 동행을 하게 된다. 이렇게 세대도, 인종도, 하다못해 취향까지 너무도 다른 두 남자가 파리에서 마르세유까지 2주간의 아주 특별한 여행을 시작한다. 파리에서 프랑스 남부의 최대 항구도시 마르세유까지의 아름다운 자연의 풍광, 세대와 인종 갈등, 사덱의 멋진 랩 등을 다양하게 볼 수 있는 작품인데, 직접 영화를 관람하면 영화제에서 개막작과 폐막작으로 이 작품을 선정한 이유를 느낄 수 있다.

〈파리 투 마르세유〉는 2016년 제69회 칸 국제영화제 감독주간 공식 개막작이자, 2016년 제22회 사라예보 영화제 공식 폐막작이다. 영화제의 개막작, 폐막작이라는 것은 영화제에 참석하는 배우와 제작진, 관객들이 모두 한자리에서 관람하는 영화라는 뜻이다. 영화제를 대표하는 정서를 담고 있는 작품이라는 것을 의미하는데, 영화제가 지향하는 독특한 작품이 선정되기도 하지만, 다양한 해석을 통해 다양한 사람들을 후킹하는 영화가 선정되는 경우도 많다. 〈파리 투 마르세유〉는 잔잔함과 격렬함을 모두 가지고 있다. 아름다운 자연의 모습이 잔잔한 아름다움을 보여주고, 파훅과 세르쥬의 갈등과 대립이 날카롭게 살아 있기 때문이다. 18세기 풍경화가 베르네의 발자취를 집요하게 따라가면서도, 왜 집요하게 따라가야만 하는지에 대한 의문도 같이 던지는 작품이다. 관객들이 생각하게 만들고 갈등하게 만든다. 갈등에 초점을 둬 관람할 수도 있고, 아름다운 풍광을 즐기는 데 가장 큰 의미를 둘 수도 있고, 사덱의 랩을 듣는 시간이 가장 행복할 수도 있는 로드무비이다.

〈파리 투 마르세유〉는 '틀리다', '다르다', '다양하다'라는 개념을 생각하게 만드는 영화이다. 인종, 힙합 래퍼에 대한 인식 등 서로 다름에 대한 갈등과 조화가 살아 있는 작품인데, 파훅과 세르쥬, 둘 중 한 사람은 '맞고' 다른 한 사람은 '틀리다'인지, 두 사람은 서로 '다르다'인지, 아니면 두 사람은 '다양하다'인지에 대해 생각해 볼 수 있다. 틀리다고 하는 것은 상대방을 인정하지 않으면서 상대방이 잘못됐다는 것을 전제로 하는 개념이다. 그래서 보통 틀리다고 하지 않고 다르다고 말해야 한다고 공식처럼 외우고 있는 사람들도 있다. 그런데, 다르다는 것은 일단 상대를 인정하는 것이긴 하지만 나와 명백하게 편을 가르는 말이자 개념이다. 서로 다른 점에 초점을 맞추어 감정이입하게 되면, 결국 나는 맞고 상대방을 틀리다는 결론으로 향할 수 있기 때문에 다르다는 개념은 위험성도 같이 내포하고 있다. 다양하다는 것은 말 그대로 있는 그대로를 인정하겠다는 것이다. 비슷하지만 디테일이 다른 것도 다양한 것이고, 서로 다른 점이 많은 대상도 다양함이라는 개념 속에서 인정할 수 있다.

〈파리 투 마르세유〉에서 세르쥬와 파훅은 영화 초반에 상대를 인정하지 않으면서 상대가 틀리고 자신이 맞는다는 생각을 하다가, 점점 더 두 사람의 다름을 그냥 인정하게 된다. 그런데, 2주간의 여행에서 마지막에 가까워지면서 서로의 개성 있는 모습을 어느 정도 존중하게 된다. 다양성을 인정하고 받아들이는 이야기는, 다양한 영화가 상영되는 영화제에서 간판 이야기로 충분히 전달될 수 있다는 것을 알 수 있다. 관객은 각자의 성향에 따라서 세르쥬가 보수적이고 고집불통인 꼰대 아재라고 생각할 수도 있고, 파훅이 제멋대로 하는 청년이라고 생각할 수도 있다. 그런데, 잘 보면 세르쥬와 파훅, 두 사람은 모두 자기주장이 강한 사람들이다. 관객은 영화를 볼 때 등장인물들 중에서 선택해 감정이입하는 경우가 많은데, 세르쥬와 파훅 모두에게 감정이입하지 않고 제3자적 시야로 두 사람의 이야기를 바라볼 수도 있다.

만약 〈파리 투 마르세유〉가 상업적 언어로 만들어진 영화라면 무척 불편하게 여기는 관객들도 있었을 것인데, 영상은 아름답지만 정서는 독립영화적인 서정성과 분리 또한 포함하고 있기 때문에 감정이입 없이도 몰입해 즐길 수 있다는 점은 흥미롭다. 상업 영화는 자본의 힘이 들어간 영화이기 때문에 흥행을 위해서 명확한 것을 요구받고 실제로 그렇게 만들어진다. 이 작품이 상업적 언어로 만들어졌다면 명확하게 구분하고 나누기 위해, 다양성을 내세우면서도 그 안에서는 '틀리다' 내지는 '다르다'가 더 강한 이미지를 구축했을 수도 있다.

다름을 틀림으로
규정당했던 경험을 소환하다

오충환, 박수진 연출, 박혜련 극본, SBS 수목드라마 〈당신이 잠든 사이에〉(이하 〈당잠사〉)는 누군가에 닥칠 불행한 사건, 사고를 꿈으로 미리 볼 수 있는 여자 남홍주(배수지 분)와 그 꿈이 현실이 되는 것을 막기 위해 고군분투하는 검사 정재찬(이종석 분)의 이야기이다. 다양해졌다고는 하지만 어느 한편으로는 획일화를 더욱 강요하는 사회에서 다르다는 것이 다양한 것으로 인정받기보다는 틀림으로 규정당한 경험이 있는 사람들은 많을 것이다. 지금 이 시간에도 그런 평가를 받으며 고민하고 갈등하며 괴로워하는 사람도 있을 것이다. 〈당잠사〉 초반에 여러 번 반복된 중국집에서 식사를 하기 전 기도하는 모습은, 다름이 틀림으로 규정당하는 대표적인 사례이다.

세상의 모든 비극에는 후회의 시간이 있다. 그 순간을 미리 꿈으로 알 수 있는 사람이 있다면 그 비극을 막을 수 있는지에 대해 드라마는 지속적으로 질문을 던진다, 때로는 맞는다고 이야기를 하다가 그렇지 않다는 것을 반전으로 보여주고,

다시 희망을 주다가 안타깝게 만드는 반전을 반복한다. 우리는 살면서 크고 작은 수많은 사건을 목도한다. 시험에 떨어진다든가 보이스 피싱을 당한다든가 하는 개인적인 것에서부터 사회 전체를 무력감에 빠뜨리는 대규모 참사까지 누군가 미리 알고 경고를 해준다면 그 비극들을 막을 수 있을지에 대해 이 드라마는 지속적인 질문을 던지고 받는다.

한강 지검 형사 3부에 발령받은 말석 검사 정재찬(이종석 분)은 사교성이 없어 인맥이 중요한 검사조직에서 인맥이 빈약하다는 평가를 받는다. 조직뿐만 아니라 이웃들 간의 인맥을 쌓는 요령도 없고 의지도 별로 없다. 재찬의 상관인 부장검사 박대영(이기영 분)은 온화하고 부드러운 성품의 소유자처럼 보이지만 실상 겪어보면 은근히 까다롭고 깐깐하다. 십일조를 몸소 실천하는 독실한 기독교 신자로 후배 검사들에게 직접적으로 종교를 강요하지는 않지만, 늘 회식 전에 기도를 해 후배 검사들을 불편하게 만든다. 자신은 절대 잔소리를 하지 않으며 검사들의 자율적인 수사를 존중하는 부장검사라고 스스로 말하지만, 회식 기도를 통해 잔소리보다 심한 압박을 준다.

부장검사와 재찬을 포함한 형사 3부의 검사들은 점심식사를 같이 하는데, 식사 전에 다 같이 손을 잡고 기도를 한다. 종교를 묻는 질문에 그냥 솔직히 무교라고 말한 자신을 제외한 다른 네 명의 사람들이 손잡고 기도하는 광경을 재찬은 보고 있을 수밖에 없게 된다. 재찬은 무척 뻘쭘하게 기다리면서 소외감을 느끼는데, 다름을 틀림으로 여기는 세상 앞에서 처세술을 배워야 하는 우리 삶의 모습의 단면이라고 느껴지는 시간이기도 하다. 재찬을 제외한 다섯 명은 모두 종교가 같을 것으로 예상할 수 있지만, 나중에 밝혀진 바로는 다른 종교를 가진 사람도 조직생활을 위해 부장검사와 같은 종교인 것처럼 행세했던 것이다. 다른 종교를 가진 사람은 어쩔 수 없이 따라가지 않고 적극적으로 동조하는 모습을 보이면서 죄책감과 괴로움을 더 크게 느꼈을 것이다.

작가를 비롯한 제작진이 이런 장면 넣은 것은 어떤 이유일까? 특정 종교에 대한 반응으로 해석할 수도 있지만, 다수의 힘을 휘두르는 사회생활의 한 단면을 보여준 것일 수도 있다. 다름을 틀림으로 많이 규정당해서 실제로 많이 고통받고 고민한 경험이 있는 사람들은 많을 것이다. 중국집에서 식전 기도를 하면서 코믹하게 뼈 있는 뒷담화를 하는 장면에서 다름을 틀림으로 규정하는 세상에서의 이질감과 억울함을 떠올린 사람들이 있을 것이다. 재찬에게 다른 검사들이 이류를 정확하게 말해주지 않은 것처럼, 실제 현실에서도 명확하게 대놓고 말해주지 않는 경우가 많다. 내가 막연히 느꼈던 나에 대한 적대감은 때로는 분위기로 때로는 눈치로 알게 된다. 그리하여 나는 세상에서 살아남는 소위 말하는 처세술을 익히게 되고, 그렇게 숙련되고 익숙해진다. 다르게 말하면 세상에 타협하게 되는 것이다. 스스로 꿋꿋하게 다를 자신은 없고 그렇게 타협하자니 슬프던, 다들 그렇게 산다고 자위하던 나를 생각나게 만든, 씁쓸한 맛이 나는 장면이다.

〈당잠사〉는 아버지에 대한 트라우마, 아버지가 준 트라우마가 홍주와 재찬, 두 사람에게 있다. 재찬에게는 어릴 적 아버지를 실망시킨 행동으로 인해 심하게 혼나면서 생긴 트라우마가 있다. 홍주는 자신이 꾼 꿈(예지몽)을 막지 못해 아버지를 살리지 못했다는 죄책감으로 인한 트라우마가 있다. 박소윤(김소현 분) 또한 폭력적인 아버지에 대한 트라우마가 있는데, "멍청한 검사", "죄는 죄인데 이상한 죄"라는 표현을 통해 아버지의 폭력성에 대한 적대감을 드러내기도 한다. 틀림을 다름으로 규정하는 사회와 조직의 분위기 속에 아버지와 관련된 트라우마를 가진 사람들은 드라마 속에서 위축되고 소심해진다. 아역의 홍주(신이준 분)는 드라마 속에서 어린 나이에도 불구하고 '아빠'라는 호칭을 사용하지 않고 '아버지'라는 호칭을 사용했다는 점도 주목할 필요가 있다. 홍주의 기억 속 '아빠'는 트라우마를 거쳐 '아버지'로 왜곡돼 기억된 것이라고 볼 수 있다.

제6장

취향이라는
개념과 측면으로
생각할 수 있어야 한다

아이에 대한
부모의 확신 있는
태도와 가르침

- 이 또한 진리가 아닌 취향의 영역일 가능성이 많다

아이는 부모를, 그중에서도 엄마를 특히 완벽한 존재라고 생각한다. 나를 완벽하게 외부의 위험으로부터 보호하고, 배고픔의 두려움으로부터 완벽하게 구원해주는 대상으로 여긴다. 점점 커가면서 완벽하지는 않다는 것을 깨닫게 되지만 강한 신뢰가 한 번에 없어지지는 않는다. 사고 싶은 것을 사거나 놀고 싶을 때 놀기 위해서 아이는 부모의 허락을 받아야 하는데, 부모가 특히 엄마가 말하는 것을 진리라고 믿을 수밖에 없다. 실제로 불신을 갖는 경우보다 진리라고 믿는 것이 관계 형성과 성장에 더 도움이 되는 것이 사실이다.

부모가 아이에게 하는 말은 대부분 "다 너를 위해서 하는 것이다"로 귀결되는데, 물론 위하는 마음이 근본에 있겠지만 많은 경우 부모의 바람과 취향이 반영됐다는 것을 알 수 있다. 부모는 내가 잘했던 것은 아이도 당연히 잘해야 된다고 생각하면서, 내가 못했던 것 또한 아이는 잘해야 한다고 생각한다. 부모가 아이의 미래를 위해서 하라고 하는 것과 하지 말라고 하는 것에는 상당 부분 부모의 바람과 취향이 들어 있다.

아이가 자라면서 부모와 갈등이 생기는 이유는 부모가 말하는 것이 바람과 취향이라고 생각하지 않고, 진리라고 믿기 때문이다. 부모의 말을 따르지 않는 것은 진리를 거스르는 거짓된 행동으로, 낙오자나 패배자가 될 수 있다고 느낄 수 있다. 그런 자기를 용납하기 힘들기 때문에 부모를 훼손할 수 없을 경우 자기를 훼손하거나, 아니면 강하게 반항기를 보이는 것이다. 만약, 부모가 자기에게 바라는 것과 대하는 태도가 진리의 영역이 아니라 취향의 영역일 수도 있다는 것을 받아들인다면 강하게 저항하는 반항기는 대폭 줄어들 가능성이 있다.

갓난아이 때 모든 부모는
아이를 천재로 믿는다

- 그렇지만 커가면서 잠재된 아이의 천재성은 무참히 짓밟는다

갓난아이 때 모든 부모는 자기의 아이를 천재라고 믿는다. 다른 사람이 들었을 때는 그냥 옹알이를 했을 뿐 "엄마"라고 하지 않았는데 분명이 "엄마"라고 불렀다며 우리 아이는 천재라고 말한다. 천재가 아님에도 불구하고, 더 정확히 말하면 천재라는 것이 아직 증명되지 않았음에도 불구하고 아이가 천재라는 초긍정성을 발휘하는 것이다. 이런 긍정성은 사실 여부에 상관없이 아이에게 긍정적인 영향을 줄 수 있다. 부모가 자기를 믿고 있다는 안전감과 함께 플라시보 효과로 인한 자존감 형성을 가져올 수 있기 때문이다.

그랬던 부모는 아이가 말을 듣지 않는 나이가 되면서 아이는 무조건 멍청하다고, 잘못됐다고 생각한다. 아이는 어리기 때문에, 똑똑하지 못한 자신보다도 더 멍청하고 부족하다고 생각해 화를 내고 혼을 낼 수 있는 것이다. 그런데 화내고 혼내는 부모 중에 내가 부족해서 그런다고 생각하는 사람은 거의 없을 것이다. 힘의 우위에 있기 때문에 스스로를 진리라고 여기고, 아이는 틀렸다고 여기게 될 가능성이 많다.

아이의 다양성을 존중하지 않고 잘못했다고 꾸짖고 반성을 강요하는 것을 종종 목격할 수 있는데, 제3자가 볼 때는 부모가 잘못한 경우도 상당히 많다. 심지어는 부모가 전적으로 잘못하는 경우도 있다. 그렇지만 아이는 자신이 잘못했다고 생각하고 받아들일 수밖에 없다. 힘의 권위에 굴복해서이기도 하지만, 완전한 대상이라고 여긴 부모를 훼손할 수 없기 때문에 자기를 스스로 훼손하는 길을 선택하는 것이다. 물론 아이의 의식이 이런 선택을 하는 것이 아니라 아이의 무의식이 이런 선택을 하는 것이다.

이에 대한 해결책을 찾아주겠다고 제3자가 개입할 경우, 부모가 맞는지 아닌지 따지는 것은 시작부터 잘못된 선택일 수 있다. 진리의 문제가 아니라 부모의 취향의 문제인데, 진리 여부의 측면에서 따지면 답을 찾을 수 없는 것이 당연한 이치이다. 부모의 취향과 바람이 아이의 취향과 바람과 같은 방향성을 가지고 있는지 확인하는 것이 합리적이다. 만약 방향성이 다를 경우 공통점을 모색해야 하는데, 공통점에 이르지 못할 경우 진압하거나 저항하기보다는 다양성이라는 측면에서 각자의 취향을 존중하는 것이 똑똑한 선택이다.

내가 혹시 천재라고
생각한다면?

　'초등학교 때 천재가 중학교에서 영재가 되고 고등학교에 가면 모범생이 됐다가 대학에 가면 평범한 학생이 된다'는 이야기가 있다. 어릴 적 신동 소리 듣던 사람이 많다는 것을 뜻하기도 하고, 어릴 적에는 똑똑한 것 같았지만 점점 사회로 나아갈수록 그렇지 않다는 것을 깨닫는다는 의미로 해석할 수도 있다. 다른 측면에서 보면 태어나면서부터 가지고 있던 천재성이 제대로 빛을 받지 못할 경우 서서히 사라질 수 있음을 뜻한다고 볼 수 있다.

　이 말을 요즘 세태에 적용해 변형하면 '초등학교 때 영재라고 믿고 있다가 중학교 때 영재가 되려고 버티다가 고등학교 때는 일단 대학에 가려고 목표를 바꾸고 대학생이 되면 자존감이 없는 인간이 된다'라고 바꿀 수 있다. 영재원, 영재 스쿨 등 비슷한 이름을 통해 영재가 아닌 우등생도 선행학습을 시켜 영재 교육을 받게 만들고. 실제 천재성을 가진 학생도 영재로 강등시켜 버린다. 특히 천재에게는 천재 특유의 기질을 존중해야 하는데, 천재가 아닌 부모나 선생님이 틀에 박힌 기준을 강요해 천재성이 발휘되지 못할 수도 있다.

　내가 천재라면, 내가 남다른 가능성이 있는 인물이라는 것을 알고 있다면, 취향이라는 개념과 측면으로 생각할 수 있어야 한다. 꺾이지 않기 위해서이다. 타고나서 천재성을 발휘하는 아이도 있겠지만, 아직 자기의 영역에서 천재성을 발휘할 기회를 한 번도 얻지 못한 아이의 경우 천재가 아닌 사람들이 평가하는 잣대에 좌절해 천재성을 발휘할 기회조차 얻지 못한다는 점은 개인이나 국가, 인류의 측면에서도 무척 안타깝다.

　스승에게 배워야 하고 부모에게 배워야 하는 것은 맞지만 그 과정에서 스승과 부모의 한계가 나의 한계가 되면 안 되는데, 그때 중요한 개념이 '취향'이다. 천재는 일반적인 기준과 영역에 있는 사람들이 아니다. 천재가 아닌 사람들이 말하는, 천재는 이래야 한다고 하는 것은 대부분 진리가 아닌 취향이나 성향 또는 상상일 가능성이 많다. 특히 천재도 아니고 영재도 아닌 담당 선생님이 영재 교육을 한다고 하면서 천재와 영재, 우등생을 모아놓고 영재 교육은 이렇게 하는 것이라고 전달하는 것은, 많은 경우 선행학습을 시키는 수업에 머무르는 경우가 많다. 선행학습은 수많은 두뇌 능력 중 가장 낮은 영역에 속하는 암기력만 키우게 된다.

중요한 것은 암기력은 아이의 성장 과정에 밀접한 상관관계를 가지는데, 아무리 똑똑한 아이라고 해도 선행학습으로 암기력만 테스트하는 것은 좌절감만 줄 수 있다는 것이다. 초등학교 3학년 때 3학년 과정을 암기하는 것은 별로 어려운 일이 아니지만, 1학년 때 3, 4, 5, 6학년 과정을 암기하게 시키는 것은 불필요한 과부하를 주는 것이다. 암기력에 대한 과부하와 평가에만 집중함으로써 다른 모든 영역의 두뇌 활동은 위축되고 잠재적 천재성을 가지고 있어도 발휘하지 못하게 될 위험성이 커진다. 뭘 몰라서 하는 이야기라고 하면서 창의력 교육도 있다고 말하는 학부모와 선생님이 있을 것인데, 창의력 교육도 이렇게 하면 창의력이 높아진다는 것을 배우기보다는 창의력이 높게 평가되려면 어떻게 해야 하는지 평가에 초점을 맞춘 경우가 많고, 평가를 잘 받기 위해서는 예상 창의력 문제 유형과 패턴을 외우고 익혀야 한다는 점을 반드시 짚고 넘어가야 한다.

내 눈앞에 진짜 천재가 있다고 가정해보자. 천재 앞에서 나는 맞고 당신은 틀렸다고 말할 수 있을까? 내 말이 맞는다고 하면서 천재를 혼낼 수 있을까? 가정할 때는 막연히 가정하지 말고 구체적으로 가정하면 훨씬 쉽게 결론에 도달할 수 있다. 내가 진짜 천재라면, 내 앞에 진짜 천재가 나타났는데 이게 현실이라고 하면 구체적이고 실제적인 추정을 할 수 있다.

내가 천재가 아니더라도
취향이라는 개념을
명확하게 인지해야 한다

- 절대 진리로 오인해 생긴 당사자의 의미 축소는 취향이라는 개념을 통해 치유할 수 있다

무조건 취향이라고 치부해버리는 것도 위험하지만, 다른 사람의 취향일 뿐인데 그것으로 인해 자기의 가능성, 천재성이 훼손되는 것은 엄청난 손실이다. 이는 천재성을 가진 사람에게만 해당되는 것은 아니고, 모든 사람들에게 해당되는 내용이다. 자존감이 부족한 사람의 경우 상대방이 강하게 말할 경우 상대방의 말이 맞고 내가 틀리다고 생각하는 의미 축소 경향이 생길 수 있는데, 이는 나의 자존감을 더 떨어뜨려 악순환을 반복하게 된다.

의미 축소는 단어 본래의 의미보다 그 뜻의 사용 범위가 좁아지는 것을 뜻하는데, 심리학적 측면에서 보면 자기의 존재와 가치의 의미를 축소해 소심해지면서 스스로를 과소평가하는 것을 뜻한

다. 닭이 먼저냐 달걀이 먼저냐를 따지는 것처럼, 의미 축소와 자존감 저하는 선후관계라기보다는 나선형의 소용돌이 같이 축적되며 커지는 것을 인지하는 것이 더 중요하다.

의미 축소는 경험 축소로 이어지며 더욱 자존감 저하를 불러일으킬 수 있다. 그런데, 그 시작이 상대방의 취향을 절대 진리로 오인하거나 과대평가해 받아들였기 때문이라는 것을 알고 개선하려는 노력을 한다면 악순환의 연결고리를 끊을 수 있다. 이 책을 읽는 사람 중에 나는 자존감이 매우 약하고 항상 의미 축소를 한다고 생각한다면, 그 원인이 어디에 있는지 찾아야 한다. 나에게 영향력을 미칠 수 있는 의미 있는 타자의 영향이기 때문일 것인데, 자존감 저하와 의미 축소는 어릴 적 부모님과 선생님의 영향이었을 가능성이 가장 큰 것이 일반적이다.

자기가 가진 게 무엇인지 잘 모르는 사람들이 의외로 꽤 많다. 자기는 아니라고 생각하지만 다른 사람이 봤을 때는 능력과 가능성이 있는 경우가 많은데, 그때 그 능력의 의미와 가능성의 가치를 아무리 표현해줘도 고마워하기는커녕 오히려 아니라고 화를 내는 등 가치에 대한 인정을 거부하는 경우가 많다. 화를 내는 이유는 진짜 화가 나기 때문이 아니라 다른 사람이 인정하는 나의 능력과 가능성을 받아들이기가 힘들기 때문에 회피와 거부를 강하게 하는 것이다. 다른 사람의 인정을 받아들이는 것은 그동안 의미 축소를 했던 자기 자신을 인정하는 것이므로, 그것을 견디기 힘들기 때문에 인정을 무시하게 되는 것이다. 이는 의미 축소가 단 한 번에 의해 발생한 게 아니라 오랜 시간 동안 지속적으로 이뤄져 역자존감 또한 지속적으로 형성된 것에 기인한다.

　스스로는 인정하지 않지만 내가 알고 있는 것보다 내가 가진 게 많을 수 있다. 아무것도 이뤄놓은 게 없는 것 같지만 시행착오를 통해 많은 경험을 축적했을 수도 있으며, 아직 발휘되지 않은 분야의 능력을 잠재적으로 가지고 있을 수도 있다. 내가 가진 게 뭔지 잘 모르는 사람은 대체적으로 자존감이 낮고 의미 축소, 경험 축소를 당연하게 여긴다. 자신은 하찮다고 생각하면서 상대방은 막연히 위대하다고 여기기 때문에, 상대방의 취향을 절대 진리로 여기는 것이다. 그런데, 이런 점은 원인을 정확하게 알고 직면할 수 있으면 충분히 해결할 수 있다.

제7장

악플에
상처받지 마라

- 내가 쓴 글이 나의 취향,
성향이듯 댓글 특히 악플 또한
그 사람의 취향, 성향일 뿐일 수 있다

감수성, 감각이 민감한 사람이 행복할까?

　　악플과 취향의 문제를 논하기 전에, 감수성과 감각의 발달 여부가 행복에 어떤 영향을 주는지 살펴보려고 한다. 감수성, 감각이 민감한 사람이 행복할까? 아니면 둔감한 사람이 행복할까? 이 질문에 대해서는 서로 다른 답이 나올 수 있고, 각각의 답에 대한 합리적인 근거 또한 모두 있다. 민감한지 둔감한지가 행복에 대한 독립변수이긴 하지만 어떤 길을 통해 결과로 가게 될지에 대해 관여하는 매개변수가 별도로 있다는 것을 추정할 수 있다.

　　감수성, 감각이 민감한 사람은 기쁨을 줄 수 있는 요소를 세세하고 디테일하게 느낀다. 전체적으로 그냥 기쁜 게 아니라 하나하나 촘촘한 기쁨을 느끼는 것이다. 다른 사람이 볼 때는 같은 것을 그냥 크게 느끼는 것이라고 생각할 수도 있겠지만, 실제로 구석구석에서 기쁨을 찾아내고 느끼기 때문에 기쁨을 느낄 수 있는 요소 자체가 훨씬 많은 것이다. 미묘한 배려와 보호에도 큰 행복을 느낄 수 있고, 작은 터치에도 파르르 떨 수 있다.

예술계에서 종사하는 사람이 감수성과 감각이 무척 민감하다면 정말 디테일한 감정을 연기나 노래, 그림, 연주, 공연에서 표현할 수 있고 그 표현의 감동은 관객의 가슴을 후벼 파고 들어갈 수도 있다. 1년에 600편 내외의 리뷰 기사를 쓰는 필자는 업무상 아티스트를 많이 만나게 되는데, 직접 만나서 이야기를 하거나 리뷰에 관한 대화를 할 때 모두 아티스트의 디테일을 알아주는 것에 감동하는 경우가 거의 대부분이다. 전체적인 면과 디테일 중에 실제로 선택해야 한다면 어떤 것을 선택할 것이냐는 질문에, 대답을 하지 않은 사람을 제외하고 99% 이상이 디테일을 선택한다. 디테일 강한 아티스트라는 평가는 그들에게 특급칭찬인 것이다.

팬들에게 "오빠! 멋져요"라는 말은 엄청 많이 듣는 남자 연예인도 왜 멋진지, 어떻게 멋진지, 어떤 포인트에서 어떤 것을 했기 때문에 더 멋진지에 대한 피드백은 거의 듣지 못한다. 데뷔한 지 얼마 안 됐을 때는 "오빠! 멋져요"라는 말 자체만으로도 세상을 다 가진 듯 행복할 수 있지만, 자신이 원하는 디테일한 칭찬을 듣지 못할 경우 공허해질 수 있다. 필자는 리뷰를 쓸 때 인물 중심으로 쓰기도 하는데, 그럴 경우 아티스트가 표현하고자 했던 디테일을 공유하고 공감하기 위해 노력한다. 디테일한 칭찬은 그 아티스트가 그 방향으로 예술성을 발휘하게 만드는 촉매 역할을 하기도 한다. 디테일에 초점을 맞출 수 있는 것은 소심하고 쪼잔해서가 아니라 민감하기 때문인데, 스케일이 큰 것으로 보이는 아티스트도 역시 디테일을 중요하게 여기는 경우가 훨씬 더 많다.

이 글을 읽는 남자 독자 중에는 왜 예를 "누나! 멋져요"가 아닌 "오빠! 멋져요"라고 들었는지에 의문을 제시할 수도 있다. 필자도 마찬가지인데 남자들은 여자 배우가 아무리 멋지고 연기를 잘해도 "누나! 멋져요" 또는 "누나! 예뻐요"라는 말을 거의 하지 않는다. 속으로만 생각하는 경향이 있는데, 그런 면에서 보면 남자가 훨씬 더 소심하다. 여자 팬들은 나이에 관계없이 멋진 아티스트에게 "오빠"라고 부르는 게 어색하지 않은데, 남자 팬들의 경우 실제 나이 따져 가며 누나인지 아닌지 계산부터 하고, 그리고 나서도 결론이 나지 않기 때문에 여자 배우 앞에서도 무덤덤한 척하는 것이다. 여러 면에서 볼 때 여자 배우, 여자 가수, 여자 아티스트로 사는 게 더 외로울 수밖에 없다.

감각의 민감함, 감수성의 민감함, 디테일한 인지와 칭찬은 아티스트에게만 해당되는 것일까? 충분히 가능한 상황을 가정해보자. 여자 친구를 만났을 때 어떻게 말하는 것이 정답일까?

① "예쁘다." (왜 예쁘냐고 질문이 들어오면) "(머뭇거리다) 어, 그냥 예뻐."

② "예쁘다." (왜 예쁘냐고 질문이 들어오면) "넌 원래 예쁘잖아."

③ "오늘 머릿결이 유달리 윤기가 나니까 예쁘다. 샴푸 모델 같아."

④ "네가 좋아하는 나비 무늬의 옷이 오늘따라 너랑 잘 어울리고, 네 표정이 밝아 더 예쁘다."

⑤ "오늘 많이 피곤한 것 같은데, 힘들었지? 초췌한 여자 중에 네가 제일 예쁘다."

글을 읽는 독자가 남자라면 칭찬을 받는 상황에 감정이입하기 힘들 수도 있기 때문에 여자 친구로부터 칭찬을 받았을 때를 가정해보자.

① "멋지다." (왜 멋지냐고 질문이 들어오면) "(머뭇거리다) 어, 그냥 멋져."

② "멋지다." (왜 멋지냐고 질문이 들어오면) "넌 원래 멋지잖아."

③ "오늘 머릿결이 유달리 윤기가 나니까 멋지다. 샴푸 모델 같아."

④ "네가 좋아하는 체크 무늬의 옷이 오늘따라 너랑 잘 어울리고, 네 표정이 밝아 더 멋지다."

⑤ "오늘 많이 피곤한 것 같은데, 힘들었지? 초췌한 남자 중에 네가 제일 매력적이다."

다섯 가지가 모두 정답일 것이다. 그런데, 어떤 칭찬을 받을 때 가상 행복할까? 디테일한 칭찬에 신성성이 느껴질 섯이고, 머뭇거리지 않고 길게 대답하는 것이 더 좋은 정답이 될 가능성이 높다. 디테일이 가진 힘은 예술가 아닌 일반 사람들에게도 큰 영향을 주는데, 디테일에 민감하기 위해서는 감각과 감수성이 민감해야 한다. 그런데, 반드시 염두에 두어야 할 점은 디테일한 칭찬 역시 진리의 영역이라기보다는 취향의 영역이라는 것이다.

민감한 사람이
행복하지 않을까?

　　민감한 사람이 더 행복하지 않다는 반론도 만만치 않을 것이다. 감각과 감수성이 민감한 사람은 좋은 때만큼 나쁠 때 더 깊은 수렁에 빠질 수 있다. 행복해질 수 있는 요소를 더 많이 찾을 수 있는 만큼, 불행해질 수 있는 요소 또한 더 많이 찾을 수 있기 때문이다. 불행하다고 느낄 경우 작은 반응에도 더 아프게 느껴지기 때문에 더더욱 힘들게 느껴질 수 있다.

　　필자는 한동안 극심한 편두통에 시달린 적이 있었다. 잠깐씩 아픈 게 아니라 누적된 스트레스 때문에 24시간 편두통에 시달렸고 그 기간이 지속돼 병원에 가게 됐는데, 그때 갔던 종합병원에서 해당 과의 명칭은 '정신과'였다. 주변 사람들에게 편두통 치료 받으러 정신과에 갔다고 하면 은근히 나를 경계하는 태도를 보였다는 점이 기억난다. 병원에서 처방해준 약이 나랑 잘 맞아 고통에서 점차 벗어난 것도 좋았지만, 나를 치료한 의사 선생님이 해주신 조언은 지금도 삶을 살아가는 데 큰 힘이 되고 있다.

편두통 때문에 너무 힘들고 짜증나고 일도 잘 안 된다고 말씀드렸더니, 의사 선생님은 본인도 인턴, 레지던트 할 때 편두통이 극심했다고 하셨다. 잠 못 자면서 일하고 공부하느라 스트레스를 받았고 쉬는 날 아침이면 아무것도 먹지 못하고 토하기를 반복했다고 한다. 너무 힘들어서 어떻게 하면 편두통에서 나을까 고민하고 공부하면서 편두통 전문가가 됐다고 하셨다. 그러면서, 편두통의 속성, 편두통을 가진 사람의 속성에 대해 해주신 말씀은 내 마음의 짐을 꽤 가볍게 만들었다.

의사 선생님에 따르면, 손가락으로 팔을 살짝 눌렀을 때 일반적인 사람은 그냥 별 반응이 없지만 그것 자체가 너무 아픈 사람은 편두통이 있을 확률이 많다고 했다. 실제로 편두통을 느끼는 사람만 편두통이 있고, 느끼지 못하는 사람은 편두통이 없는 게 아니라 모두에게 같은 통증이 있어도 그 자극이 너무 아픈 사람은 편두통을 심하게 겪는다는 것이라고 알려주셨다. 즉, 예민하고 민감한 사람들이 편두통을 겪는데, 특이한 것은 편두통이 있는 사람들이 일을 철두철미하게 잘하는 경우가 많다는 것이었다. 작은 디테일에도 민감하기 때문에 일을 깔끔하게 처리하는데, 대신 본인은 아프다는 것이다.

또한 편두통이 있는 사람들은 머리는 엄청 사용하지만 몸을 사용하지 않기 때문에 불균형이 일어나는데, 뛰기 싫으면 걷기라도 하라고 조언했다. 만약 치료를 해 편두통을 덜 느끼는 체질이 되면 업무 효율이 떨어지는 것 아니냐는 필자의 질문에, 선생님은 웃으시며 선택의 문제라고 대답했다. 일 잘하면서 아프게 살 것인가, 약간 너그러워지면서 행복하게 살 것인가 선택해야 한다는 것이다. 필자는 편두통이 나쁜 것이라고만 생각했었는데, 민감하게 처리하고 노력했기 때문이라는 것을 스스로에게 인정하면서 실제로 편두통이 치료되기 시작했다. 예전만큼은 아니지만 요즘에도 가끔 편두통이 생길 때가 있는데, 그럴 때면 요즘에 내가 참 열심히 살았구나 생각한다. 열심히 살면서 운동은 너무 안 했구나 생각하기도 한다.

민감해서 불행한 사람은 현재 나를 불행하게 만드는 요소가 행복해질 때 나를 정말 행복하게 만드는 원동력이 될 수 있다는 희망을 가져야 한다. 똑같은 것을 대하고 더 많이 불행했던 것에만 매몰되지 않고, 똑같은 것을 대하고 더 행복해질 수 있는 나를 상상해야 한다.

감수성, 감각이 민감하지 않은
사람이 행복할끼?

감수성, 감각이 무척 민감해서 현재 불행하다고 더욱 크게 느끼는 사람들은 둔감한 사람이 훨씬 행복할 수 있다고 생각한다. 상대적으로 둔감한 사람들이 상대적으로 상처를 덜 받는다. 더 정확히 말하면 똑같은 상처를 받아도 덜 불행하게 느낀다. 불행과 행복이 같이 왔을 때 사람들은 행복보다는 불행을 더 크게 받아들이기 때문에 불행하다고 느낄 가능성이 많다. 민감하지 않은 사람들은 상대적으로 불행을 크게 느끼지 않기 때문에, 삶이 평안하고 행복할 수 있다.

감수성, 감각이 무척 민감한 사람은 디테일까지 충족돼야 비로소 행복해질 수 있는데, 민감하지 않은 사람은 전체적인 면만 충족돼도 행복해질 수 있다. 예술가로 사는 삶이 아니라면, 민감하지 않은 사람이 더 행복하다고 말할 수도 있다. 영화를 보고 그냥 좋으면 좋은 것이지, 디테일까지 따져 가며 좋아야 하는 것이냐고 말하는 사람들은 같은 편수의 영화를 봤을 때 좋았다고 말하는 편수가 더 많을 것이다. 감각적이 아니어도 충분히 행복할 수 있는 것이고, 감각적이 아니기 때문에 너그럽게 더 행복할 수도 있는 것이다.

　상처받지 마라,
　　　　취향일 뿐이다

민감하지 않은 사람이
행복하지 않을까?

　　감수성, 감각이 민감하지 않은 사람이 행복하지 않게 느끼는 경우는 주변의 민감한 사람들로 인해 자극을 받기 때문이다. 민감한 사람들이 느끼는 자극에 대한 반응을 보면 좋아 보이는데, 나는 그런 자극을 미세하게 느끼지 않기 때문에 반응 또한 똑같이 보일 수 없기 때문이다. 그런데, 민감하지 않은 사람들은 이렇게 느끼더라도 민감한 사람들이 느끼는 것보다 훨씬 더 강도가 낮다. 주변에서 뭐라고 해도 뚝심을 가지고 끝까지 밀어붙이는 사람들은 대체로 민감하지 않을 가능성이 있다. 부정적인 경우로만 연결하면, 반드시 일치되는 것은 아니지만 민감할 경우 팔랑귀가 될 수도 있고 민감하지 않을 경우 독선가가 될 수도 있다.

　　머릿속으로는 자극적인 것을 원하는데, 몸과 마음은 민감하지 않을 경우 답답할 수 있다. 예술 계통에서 일하고 싶은데 디테일이 약할 경우 아티스트가 돼 플레이어로 직접 전면에서 활약하기에는 부족함이 있을 수도 있다. 반면에 매니저를 비롯한 스태프로 참여할 경우 흔들리거나 상처받지 않으면서 프로젝트를 추진할 수 있는 좋은 성향으로 작용할 수도 있다.

상처받지 마라,
취향일 뿐이다

악플이 그 사람의 취향,
성향일 뿐이라면?

　　인터넷 시대, 모바일 시대를 거치면서 악플은 사회와 개인에게 모두 큰 문제가 되고 있다. 악플로 인한 사회 문제는 정보통신 기술이 발전하면서 해소되기보다는 더욱 크게 대두될 위험성이 있다. 당사자들에게는 미안한 표현이지만 악플이 나온 이유는 분명히 있다. 내가 직접 잘못한 게 아닐지라도 누군가를 자극해 불편하고 힘들게 만들었기 때문일 것이다. 겸허하게 받아들이고 고칠 것을 고쳐야 한다.

　　그런데, 여기서 중요한 점은 나를 뒤흔드는 악플이 진리의 영역에서 쓰인 것이 아니라 취향의 영역에서 쓰인 것일 수도 있다고 검토할 수 있어야 한다는 것이다. 나와 악플을 단 상대방 중 둘 중 하나는 맞고 하나는 틀릴 수도 있지만, 두 사람의 취향과 성향, 코드가 다르기 때문일 수도 있다. 그렇지만, 대부분 맞거나 틀리다는 이분법적 선택을 하게 된다. 무조건 맞는다고 생각하거나, 무조건

틀리다고 생각하는 이분법적 선택을 하게 되는 이유 중의 하나는 실제로 손가락 표시도 찬반의 두 가지만 있는 경우가 더 많기 때문이다.

악플을 보면서 속이 부글부글 끓고 악플을 단 상대방을 죽이고 싶을 정도로 미워질 수도 있다. 상대방이 악플을 단 이유는 상대방 또한 내 글에 그렇게 반응했기 때문일 수도 있고, 아니면 의외로 그냥 같지 않다는 이유로 크게 집중하지 않으면서 악플을 달았을 수도 있다. 내가 쓴 글이 나의 성향, 취향이듯 댓글 특히 악플 또한 그 사람의 취향, 성향일 뿐이라고 생각하고 그렇게 받아들일 수 있으면 좀 더 가볍게 악플에 대처할 수 있다.

강하게 글을 쓰거나 센 악플을 다는 사람들은 모두 멘탈이 강할 것으로 생각할 수 있으나 의외로 그렇지 않을 수 있다. 공격적인 사람은 오히려 작은 공격은 잘 받지 않기에 나를 공격하는 것에 대한 대처가 익숙하지 않을 수 있다. 다른 사람들이 느끼기에는 중요한 문제도 아닌데 나를 건드려서 좋을 게 없고 귀찮아지기만 한다고 생각하기 때문이다. 멘탈이 셀 것처럼 예상되는 사람들 중 의외로 많은 사람들은, 표면적으로 강한 반감에는 저항할 수 있지만 의외로 작은 멘트에 무너질 수도 있다.

자존감 부족, 소속감에 대한 갈망, 고립에 대한 두려움이 악플을

상처받지 마라,
취향일 뿐이다

달게 만들 수 있는데, 그럴 경우 악플의 대상은 글은 쓴 내가 아닌 악플을 단 자기 사신일 수 있다. 나를 직접직으로 비닌하기 위해 악플을 쓴 게 아니라, 글을 집중해서 읽다보니 자신의 이야기로 여겨져 감정이입하게 되고, 감정이입하다 보니 견딜 수 없이 힘들게 돼 그 감정을 투사해서 쓴 글일 수 있다. 이 경우 글은 매우 날카로울 것인데, 댓글은 나를 향한 것처럼 보이지만 실제로는 댓글을 단 자기 자신을 향한 것일 수도 있다.

나는 댓글을 누가 달지 모르고 글을 썼는데, 글을 읽은 사람은 자신을 비난하고 비하한다고 생각되면 가차 없이 악플을 달 수 있다. 이때 악플이 어떤 형식과 내용을 담고 있든지 간에 악플을 단 사람의 이야기일 수도 있는 것이다. 글에 댓글이 달리는 것뿐만 아니라 댓글에도 수많은 댓글이 또 달리는 경우도 많은데, 진리에 대한 논쟁일 수도 있지만 개별적인 취향과 성향, 가치관에 대한 항변일 수도 있다.

다른 사람의 댓글에
민감하게 반응해 마음이 상한다

박홍균, 김병수, 김정현 연출, 홍정은, 홍미란(홍자매) 극본의 tvN 토일드라마 〈화유기〉는 고대 소설 〈서유기〉를 모티브로 퇴폐적 악동 요괴 손오공(이승기 분)과 고상한 젠틀 요괴 우마왕(차승원 분)이 어두운 세상에서 빛을 찾아가는 여정을 그린 절대낭만 퇴마극이다. 영화, 소설, 애니메이션, 예능 등을 통해 익숙한 〈서유기〉의 캐릭터를 활용해 만들어진 드라마로, 악귀가 창궐하는 어두운 세상에서 빛을 찾아가는 여정이며, 손오공과 진선미/삼장(오연서 분)의 지독한 사랑이 꽃피는 여정이기도 하다. 우마왕과 나찰녀(김지수 분), 저팔계(이홍기 분)와 좀비 소녀/부자(이세영 분)의 애절한 사랑 또한 마음을 울린다. 판타지극이 주는 보는 재미, 호러 퇴마극이 주는 긴장감, 캐릭터 코미디가 주는 웃음, 로맨스가 주는 설렘까지 정말 좋은 요소를 많이 갖추고 있지만 초반의 방송 사고와 갑자기 마무리 된 듯한 결말이 아쉬움을 남기기도 한다.

우마왕은 오디션 프로그램에서 "햅~격(합격)"을 외치며 다른 심사위원에게서 선택받지 못한 지원자를 뽑을 수 있는 권한을 가지고 있고, 이런 드라마틱한 선택은 드라마 속 오디션 프로그램의 시청률의 상승과 함께 우휘 회장(우마왕)의 인기를 치솟게 만든다. 우마왕은 루시퍼엔터테인먼트의 대표로 인기 있는 년예인과 함께 있기도 하지만 본인 또한 웬만한 연예인 이상으로 인기를 누리고 있다. 또한 요괴 중에서도 강력한 힘을 가지고 있기에 누구보다도 자신감 넘치며 강인할 것이라고 예상되지만, 감수성이 깊고, 감각이 예민한 우마왕은 '오바대마왕'이라는 댓글 하나에 상처를 받는다. 단순히 삐지는 정도가 아니라 실제로 마음이 상하는데, 다 가진 사람이 그 정도에 저러냐고 말하는 사람도 있겠지만 같은 것도 더 민감하게 받아들이면 더욱 더 크게 느껴질 수 있다.

힘을 가진 사람은 자신감도 넘칠 것이고 그렇기 때문에 상처를 주면 줬지 상처를 받을 가능성도 적을 것이라는 추측을 할 수 있다. 어느 정도 맞는 이야기이기도 하다. 그렇지만 민감할 경우 전체적으로는 강하지만 본인의 약한 점을 건드리며 파고들 때 굉장히 크게 느낄 수 있다. '아킬레스건을 건드린다'라는 표현이 괜히 나온 게 아닌 것이다. 강한 사람들은 공격하면 공격했지 사소한 것으로 공격받는 경우는 상대적으로 드물다. 대부분의 경우 방어할 필요가 없기 때문에 방어의 맷집을 키울 필요가 없었고 그렇기 때문에 오히려 약할 수 있다.

악플을 다는 사람들의 마음은 정의감과 적개심의 조합이라고 볼 수 있다. 어디에 더 비중을 두느냐에 따라 달라질 수 있다. 본인은 사명감으로 댓글을 썼지만 결국 스스로가 선호하는 성향이나 취향일 가능성도 많다. 악플을 다는 사람들은 분명 삐뚤어진 시각을 가진 사람들일 것이라고 단정하는 것은 위험할 수도 있다. 처음부터 악의를 가지고 시작한 게 아니라 정의감으로 시작했을 수도 있다. 그러나 그 정의감을 객관적으로 보면 실제 정의감일 수도 있지만 성향이나 경향, 취향일 가능성도 있는 것이다.

〈화유기〉에 등장하는 인물들은 캐릭터가 겹치지는 않지만, 대체적으로 모두 민감한 감각과 감수성을 가지고 있다. 삼장이 어떤 반응을 보이느냐에 따라 손오공은 정말 전형적인 삐돌이가 되기도 한다. 힘없는 사람이 보인 반응을 그냥 너그럽게 받아주면 안 되냐고 되묻는 사람이 있을 것이다. 그렇지만, 감각이 예민한 사람은 특히 자기가 소중하게 생각하는 것은 더욱 크게 받아들일 수 있다는 점을 손오공의 행동을 보면서 고려해야 한다.

남자와 여자가 사귈 때 이런 이유로 싸울 수 있다. 다른 사람이 정말 상처 주는 말을 해도 매우 너그러우면서, 왜 내가 그것보다 훨씬 약한 것을 말할 때도 그렇게 민감하게 구느냐고 원망하는 마음이 생길 수 있다. 나를 사랑한다고 했으면 사랑하는 나에게 더 너그러워야지 왜 나에게만 가혹하냐고 불만을 토로할 수 있다. 그렇지만, 사귀는 사람이 그렇게 하는 이유는 다른 사람의 말에는 전혀 신경 쓰지 않으므로 무슨 이야기를 들어도 와닿지 않기 때문일 수도 있고, 사랑하기 때문에 그 사람의 말에 더욱 민감하게 반응하기 때문일 수도 있다는 것을 반드시 염두에 두어야 한다.

연예인을 포함한 아티스트는 대부분 디테일이 강하고 감수성과 감각이 무척 민감하다. 인기가 많은 연예인들이 악플에 더욱 괴로운 것은 악플이 근거 없는 비방을 담고 있거나, 나를 잘 모르고 한 이야기이거나, 내가 이런 이야기를 들을 행동을 한 적이 전혀 없기 때문에 억울해서일 수도 있지만, 민감하기 때문에 악플을 느끼는 강도가 더 강한 것이다. 웬만한 악플에는 끄떡도 없다면서 멘탈이 강하다고 하는 사람조차 악플 하나에 속절없이 무너질 수 있는데, 의미 있는 타자가 한 악플이 아닐지라도 의미 있게 느껴지는 순간 본인의 예민한 감각으로 확대, 새생산, 등록하기 때문이다. 자신감, 자존감이 부족한 사람뿐만 아니라 상상력이 뛰어난 사람이 악플로 인해 한 번에 무너질 수 있는 것도 같은 맥락에서 이해할 수 있다.

〈화유기〉에서 한빛 부동산 직원인 이한주(김성오 분)는 드라마 속 주요 인물 중에서는 유일하게 요괴들의 존재를 모르는 사람이다. 시청자의 입장에서 볼 때는 그 정도면 알 만도 한데 아직도 모르고 있다는 것에 재미를 느낄 수도 있는 인물이다. 이한주는 연봉이 엄청나게 세기 때문에 붙어 있긴 하지만, 남다른 촉을 가진 음울한 부동산 대표님 진선미가 무섭다. 신도시에 분양받은 아파트 대출금을 갚기 위해, 큰딸 영어 유치원에 보내기 위해, 계획 없이 태어난 둘째 딸 분유 값을 내기 위해 버틴다. 만약 이한주가 드라마 속 다른 인물들처럼 민감했으면, 애초에 부동산을 그만두었을 것이다. 다른 곳에 가서 더 잘됐을 수도 있지만, 한빛 부동산에서 근무하는 것만큼 연봉을 받지 못했을 가능성이 많다. 민감하지 않으면 행복을 느낄 때도 더 작게 느낄 것이기 때문에 불리하다고 여겨질 수도 있지만, 민감하지 않기 때문에 상처를 작게 받으며 버텨 나갈 수 있다는 점을 생각하면, 민감한지 아닌지의 여부 자체를 행복의 평가 기준으로 삼기보다는 나의 그러한 성향을 어떻게 긍정적으로 적용하며 살아가느냐가 행복을 결정할 수 있다고 느껴진다.

만약 이한주가 민감했으면 귀신을 보는 진선미의 공포와 두려움이 그대로 이한주에게 전달됐을 것이고, 업무 시간에 거의 같이 다니기 때문에 그것에 대해 서로 말을 하면서 그 공포와 두려움은 점점 더 증폭됐을 위험성이 있다. 진선미는 본인

스스로 느끼는 공포를 감당하기도 힘든데, 이한주를 공포로부터 보호하기 위해 노력하면서 더욱 힘들어졌을 수 있다. 이한주가 민감하기에 느끼는 공포가 강해져 더 이상 부동산에서 일하지 못하겠다고 할 경우 진선미는 더 이상 다른 직원을 구하지 못하고 혼자 일해야 했을 수도 있다. 이한주의 민감하지 않음이 오히려 완충의 역할, 방어막의 역할을 하고 있는 것이다.

잘못을 바로잡을 수 있는
용기가 필요하다

맷 스파이서 감독의 〈언프리티 소셜 스타〉는 습관적으로 '좋아요'만 누르는 팔로워만 천 명인 'SNS 홀릭' 잉그리드(오브리 플라자 분)가, 팔로워만 26만 명인 'SNS 스타' 테일러(엘리자베스 올슨 분)처럼 멋진 삶을 꿈꾸며 무작정 LA로 떠나 새 출발하기로 다짐하면서 이야기가 진행된다. 잉그리드가 만든 우연한 사건으로 만나 화려한 파티와 일상을 즐기는 두 사람은 둘도 없는 현실 절친이 되지만, 예상치 못한 사건으로 잉그리드의 비밀이 밝혀지면서 사이가 벌어지게 된다. 이 영화는 악플 자체를 중점적으로 다루고 있다. 악플은 다는 사람들은 스스로 정의감을 가지고 댓글을 쓴다고 생각할 수도 있지만 다분히 자기의 취향과 맞는지의 여부에 따라 느낀 대로 댓글을 단다고 볼 수도 있다. 악플의 원인을 제공한 잉글리드는 한편으로는 억울할 수도 있지만, 다른 한편으로는 그런 반응이 나오도록 행동했다는 것 또한 간과할 수 없다.

영어 제목과 다른 한국어 제목에는 미국적 정서를 어떻게 우리나라의 정서에 가깝게 가져가야 하는지에 내한 노력이 반영됐다. 이 점은 영화를 직접 보면 느낄 수 있는데, 영화 내용은 우리나라 관객에게 전체적인 정서에 공감을 주면서도 디테일한 감정에는 이질감 또한 전달할 수도 있다. 이 영화의 영어 제목과 한국어 제목은 다른데, 한국어 제목도 영어를 그대로 읽는 영어식으로 표현된다는 특징을 가지고 있다. 영어 제목인 〈Ingrid Goes West〉는 개인과 개인의 행동에 주목하고 있는데, 반면에 한국어 제목인 〈언프리티 소셜 스타〉는 현상과 결과 자체에 더 주목하고 있다. 즉, 원래 제목은 특정성에 초점을 두는데, 한국어 제목은 일반화할 수 있도록 해석되기를 제안한다. 해시태그를 포함해 영화는 시대적으로 핫한 이야기를 담고 있다. 잘 때도, 양치질을 할 때도 스마트폰을 끼고 살고, 인스타그램에 집착하는 모습은 전 세계의 많은 스마트폰 사용자의 모습일 것이다.

〈언프리티 소셜 스타〉는 시대를 반영한 전 세계적인 소재를 다루고 있지만, 디테일한 행동, 인간관계, 생활 패턴 등은 전형적인 미국식으로 우리의 정서와 부합되지 않는 부분이 있고, 이는 감정이입을 저해하는 요소가 되기도 한다. 한국어 제목으로 변경하면서 특정화보다는 일반화하는 게 감정이입에 도움이 될 것이라고 판단하고 선택한 것으로 추정되는데, 영화의 특징을 드러내는 데도 더욱 효과적으로 작용하고 있다. 그렇지만, 취향을 진리인 것으로 과잉 해석할 수 있는 위험성 또한 내포한다.

이 영화는 감정을 공유하는 소셜 네트워크 서비스, 특히 인스타그램의 특징을 잘 살리고 있다. 너와 공유할 수 없기 때문에 생기는 슬픔, 외로움, 자존감 등 오프라인에서는 내면을 제대로 표현하지 못하는 사람들도 소셜 네트워크 서비스, 특히 인스타그램에서는 습관적으로 내면을 표현하는데, 영화는 이런 점을 잘 살리고 있

상처받지 마라,
취향일 뿐이다

다. 인스타그램은 정보를 전달한다기보다는 감정을 소통하는 데 더 많이 사용되는 공간이라고 볼 수 있다. 입고 있는 옷, 들고 있는 가방, 가 있는 장소, 먹고 있는 음식 등이 정보를 전달하는 것은 맞지만, 결국 최종 목표는 정보가 아닌 감정의 소통인 경우가 많다.

소속감 결여, 자존감 부족, 과시욕, 존재감 어필 욕구 등 영화에서 잉그리드가 보여주는 모습과 내면은 일반적인 우리 모습과 내면의 단면이라고 볼 수도 있다. 잉그리드의 행동을 보면서, 그중 몇 가지는 나도 해봤다고 생각하는 사람은 많을 것이다. SNS에서 해시태그는 나와 나의 관심사, 나의 관계성을 다른 사람에게 알려주는 이정표이자 다른 사람과 나를 연결하는 통로 역할을 하는데, 문제는 지나친 집착으로 인해 본질이 역전되는 경우가 많다는 것이고, 영화는 이런 점을 잘 보여주고 있다.

'순간의 잘못을 바로잡을 수 있는 용기가 필요하다. 다른 사람의 잘못을 용서하기 위해서도 용기가 필요하다'라는 것은 악플을 둘러싼 사람들에게 모두 적용될 수 있는 교훈이다. 누구든 순간의 실수를 바로잡지 못해 잉그리드가 될 수도 있다. 특히, SNS의 세계에서는 한 번 방향성을 잘못 잡으면 걷잡을 수 없이 어긋날 수 있는데, 오프라인에서 고립된 채로 온라인에서 질주할 경우 스스로 제동을 걸기 어렵기 때문이다. 잉그리드와 테일러를 보면 잘못을 바로잡을 수 있는 용기가 필요하다는 것을 느낄 수 있고, 댄(오셔 잭슨 주니어 분)처럼 다른 사람의 잘못을 용서하기 위해서도 지속적인 관심과 용기가 필요하다는 것을 알 수 있다.

이 영화에서는 완벽하게 착한 사람도 찾기 힘들고, 완벽하게 억울한 피해자도 찾기 힘들다는 점을 짚고 넘어갈 필요가 있다. 에즈라(와이어트 러셀 분)와 닉키(빌리 매그너슨 분) 또한 감정이입한 관객을 갈등과 혼돈에 빠뜨리기 쉬운 인물이라는 것을 발견할 수 있다. 완벽하게 억울한 피해자를 찾을 수 없다는 것 또한 우리의 시각일 수 있는데, 미국식으로 보면 영화 속에 완벽하게 억울한 피해자가 있을 수도 있다. 디테일 또한 미국식보다는 보편적인 정서를 선택했으면, 영화는 우리에게 더욱 감동을 줄 수 있을 것이라고 생각된다.

마츠코처럼 자기 자신에겐 아무것도 아닌 삶을 사는 사람은 많다

파파프로덕션 제작, 김민정 극작/연출, 민찬홍 작곡/야마다 무네키 원작의 〈혐오스런 마츠코의 일생〉은 두산아트센터 연강홀에서 공연된 뮤지컬이다. 드라마와 영화를 거쳐 뮤지컬로 제작된 이 작품은, 하나의 콘텐츠가 다양하게 활용되는 원소스 멀티유즈(One-Source Multi-Use)의 스테디셀러라고 볼 수 있다.

뮤지컬의 마츠코(박혜나, 아이비 분) 인물 소개에는 '중학교 국어선생님, 마사지 걸, 미용사, 살인자, 누군가의 딸이며 누나이고, 언니이며 애인이고 이웃이지만 자기 자신에겐 아무것도 아닌 여자'라고 적혀 있다. 마츠코에게 '혐오스런'이라는 수식어를 붙인 것은 주변 사람들인데, 그녀의 내면에 대해 잘 알지 못하면서 외부적으로 보이는 일정 기간의 기억만 가지고 그렇게 표현한 것이다. 마츠코가 인터넷 시대에 살았으면 뮤지컬에서보다 훨씬 더 강하고 자극적인 악플에 시달렸을 수 있다. 꿈은 많고 다른 사람에게 좋은 사람이고 싶었지만 자존감이 낮았던 그녀는 자기 자체로 의미를 부여하기보다는 다른 사람의 평가에 너무 민감하게 반응했다.

마츠코의 감수성이나 감각이 민감하지 않았거나 자존감이 더 있어서 주체적으로 생각할 수 있었다면, 다른 사람의 말을 절대 진리처럼 받아들이며 상처받지 않았을 수 있고 '혐오스런' 그녀가 아닌 '사랑스런' 그녀가 됐을 수 있다. 뮤지컬을 보면 마츠코는 충분히 사랑스러울 수 있었던 인물이라는 것을 알 수 있는데, 실제 인터넷 댓글에서 악플로 시달리는 사람들 또한 그러하다는 점은 무척 안타깝게 여겨진다.

한 번도 만난 적이 없는 사람의 일생 속으로 들어간다면 어떻게 될까? 보디 체인지처럼 완전히 다른 사람이 되는 것도 아니고, 그 사람이 어떤 정신세계를 가졌는지도 모르는 사람의 일생 속으로 들어가는 것을 우리는 감당할 수 있을까? 전혀 예상하지 않았던 세계로 들어가게 만드는 〈혐오스런 마츠코의 일생〉을 관람한 여운 속에서 내 삶은 어떤지 생각해보게 된다. 어둡게 느껴지는 야마다 무네키의 소설 『혐오스런 마츠코의 일생』은 2006년 나카시마 테츠야 감독의 화려하고 튀는 뮤지컬 풍의 영화로 만들어졌고, 김정민 연출의 어두움과 화려함을 모두 내포한 뮤지컬이 됐다. 다소 서늘한 무대와 화려한 영상은 마츠코의 변화무쌍한 인생과 내면을 복합적으로 표현했다.

사랑을 원하고 사랑받기를 꿈꿨던 여인 마츠코의 기구한 삶은 흡입력 강한 스토리텔링으로 펼쳐진다. 누구보다도 사랑을 꿈꾸고 갈구했지만 철저하게 버림받는다. 그녀의 사랑은 언제나 갈 곳을 잃지만 다시 사랑이라는 운명의 손을 잡는 것을 반복한다. 삶을 원망하거나 외면하지 않고 오히려 더 적극적으로 사랑한, 언제나 사랑받기를 꿈꿨지만 사실 누구보다도 많은 사랑을 남긴 여자 마츠코의 일생을 통해 그녀의 인생이 진정 혐오스러운 삶이었는지 뮤지컬은 되묻고 있다. 내가 사랑하는 사람을 선택하기보다는 나를 사랑하는 사람에게 이끌렸고, 사랑받기를 꿈꿨지만 받기보다는 헌신적으로 주기에 집중했던 마츠코를 보면, 이 시대에도 수많은 마츠코가 있고 그 마츠코들은 다른 사람이 그냥 툭 던진 악플에 몸서리진다는 것을 떠올리게 된다.

제목의 '혐오스런'은 거부감과 불편함을 연상하게 한다. '마츠코'는 우리나라 이야기가 아니라는 점과 특정한 인물이 부각된다는 점을 상징한다. '일생'은 어떤 특정한 시간이 아닌, 한 사람의 전체적인 이야기가 펼쳐질 것이라는 상상을 하게 만든다. 〈혐오스런 마츠코의 일생〉은 '누가 마츠코를 죽였을까?'라며 추리의 형식으로 진행된다. 그 과정 속에서 직접적으로 마츠코를 죽인 사람들보다도 마츠코에게는 더 잔인하게 마츠코의 마음을 죽인 사람들이 지속적으로 등장한다. 의미 있는 타자에서 사회적 악플을 지속적으로 받았던 것이다. 이 작품은 과거와 현재의 이야기의 중첩되며, 시점의 변화도 있다. 뮤지컬로 작품을 처음 접했고 스토리를 전혀 모른 채 관람한 관객에게는 다소 친절하지 않은 부분이 있는 것인데, 그런 친절하지 않은 부분은 오히려 마츠코를 이해하도록 노력하게 만든다.

악취 나는 여자, 기분 나쁜 여자, 불길한 여자, 혐오스런 여자. 뮤지컬은 마츠코가 등장하기 전부터 그녀의 이미지를 구축한다. 국어 선생, 마사지 걸, 창녀, 마약 중독자, 살인자, 미용사 등으로 변화하면서 마츠코가 아닌 다른 이름으로 불리기도 하고 '13번'으로 불리기도 한다. 한 사람의 거짓말로 인해 변화하기 시작한 마츠코의 정체성을 쫓아가다 보면 그녀의 진짜 모습이 무엇인지가 매우 궁금해진다. "사랑하고 싶어. 사랑받고 싶어"라고 말하는 마츠코는 어둠 속에 자신을 물들인다.

관계지향적인 선택을 하면서도 자기 자신에게 의미를 부여하지 못하는 또 다른 마츠코는 우리 주변에 무척 많다. 마츠코의 상황에 얽매이지 않고, 그녀의 내면에 집중해 나보다 남이 먼저인 사람들이 또 누가 있는지 살펴보면 그 대표적인 사람은 엄마이다. 여자가 결혼을 해 엄마가 되는 순간은 이전에 경험한 적이 없었던 강렬한 사건이다. 핵가족 시대, 소가족 시대이기 때문에 결혼하기 전에는 독립적인 자아를 가진 여성이 많지만, 결혼을 하고 아이를 낳으면 스스로 혹은 사회문화적으로 엄마를 희생의 아이콘으로 삼는 것을 당연하게 여기는 풍토가 있다.

엄마는 단지 자신보다 자식을 비롯한 가족을 우선시하는 데 머물지 않고 아예 자신은 없는 사람처럼 자식과 가족에게 헌신한다. 가족이라는, 엄마라는 관계성 속에서 주변이 모두 안정되고 사랑받기를 바라면서, 정작 자신에 대해서는 스스로도 주변의 다른 사람들도 챙기지 않는다. 자신을 하나도 남겨놓지 않는 모성애는 때론 주변 사람들을 부담스럽게 만들기도 하고, 본인도 어느 순간 정작 나는 보호받지 못하고 있고, 나라는 존재 자체가 의미 있게 생각되지 않으면 그간의 희생이 우울증과 답답함, 억울함으로 느껴질 수도 있다. 이 글을 읽는 독자 중에는 나는 여자가 아니고 결혼도 안 했는데 왜 이런 엄마의 답답함과 억울함이 느껴지는지 의아하게 생각되는 사람도 있을 것이다. 자신을 하나도 남기지 않는 모성애는 생물학적인 엄마에게 해당된다기보다는 엄마의 역할을 하는 모든 사람에게 해당될 수 있다. 엄마의 역할을 어릴 때부터 한 형, 언니의 경우 동생들에 대한 희생과 봉사를 맹목적으로 하다 보면 자신은 남아 있지 않다는 사실에 공허함과 미움의 마음이 싹틀 수도 있다.

'마츠코가 자기 자신을 유지했으면? 자신을 유지하면서 다른 사람과의 긴밀한 관계성, 애정 어린 친밀도를 유지했으면? 자기 자신에게도 의미 있는 존재였다면?' 이라고 가정하면 결코 혐오스런 마츠코가 되지 않았을 것이라고 생각된다. 누군가 에게 버림받더라도, 누군가가 나를 떠나가더라도, 누군가에게 상처를 입더라도, 나 자신이 의미 있게 존재한다면 걷잡을 수 없는 파국으로 치닫지는 않을 것이다. 상 처받을 용기는 결국 상처받고도 자신을 유지할 수 있는 용기라고 볼 수 있다. '상처 받을 용기'는 '상처에 직면할 용기'만을 뜻하는 것이 아니라 '그러고도 자신을 유지 할 수 있는 용기'라는 점을 분명히 알아야 한다. 그냥 상처에 직면하고 그 상처 때 문에 모든 것이 사라지게 된다면 상처받을 용기는 무모한 자학이 될 수도 있기 때 문이다.

〈혐오스런 마츠코의 일생〉은 호불호가 극명하게 갈리는 작품이다. 마츠코를 특별하고 특이한 존재로 본다면 관객의 성향에 따라 호불호가 갈리는 것이 당연하 지만, 마츠코가 표방하는 내면의 일관성과 진지함에 초점을 맞춘다면 공감해 감동 받고 눈물 흘릴 수 있는 작품이다. 호불호가 극명하게 갈린다는 것은, 댓글에 적용 하면 선플과 악플이 강하게 대립한다는 것을 뜻한다.

주변을 둘러보면 남들에게는 참 좋은 사람인데 자기 자신에게는 아무것도 아닌 사람이 의외로 많다. 그들에게 고마움을 느끼지 못한 채 받기만 하기보다는, 그들 을 이해하고 감싸 안으려는 노력을 한 번쯤은 해야 되지 않을까? 〈혐오스런 마츠 코의 일생〉에서 마츠코의 일생을 진지하게 바라본 마츠코의 조카 쇼(김찬호, 정원 영, 정욱진 분)처럼, 우리도 누군가의 쇼가 될 필요가 있다.

[사례 7-4] 오페라 <리골레토>

감수성, 감각이 민감한 리골레토!
– 곱사등이의 콤플렉스와 딸 질다를 지키겠다는 부성애의 결합

주세페 베르디 작곡, F.M 피아베 대본의 〈리골레토〉는 빅토르 위고의 희곡 〈환락의 왕〉을 원작으로 한 오페라이다. 곱사등이인 리골레토와 그의 딸 질다, 그리고 행복과 불행을 모두 가져다주는 만토바 공작까지 주요 등장인물들은 감수성, 감각이 매우 뛰어나다는 특징을 가지고 있다. 리골레토는 곱사등이라는 자신의 콤플렉스와 딸 질다를 지키겠다는 부성애가 결합돼 어떤 행동이든 할 수 있는 인물인데, 만약 리골레토가 둔감한 인물이었다면 더 많이 억울하게 당하며 살았을 수도 있지만, 불행의 파국에 이르지 않았을 수도 있다. 둘 다 긍정적이라고 볼 수는 없지만 둘 중 어느 것이 차악인지에 대해서 관객은 성향에 따라 다르게 느낄 수도 있다.

16세기 북이탈리아의 만토바 공작의 궁정에서는 무도회가 열리는데. 그는 여성을 정복함으로써 삶의 보람을 느끼며 사는 바람둥이다. 곱사등이이자 심복인 리골레토는 그런 그의 기분을 더욱 북돋우며 희열을 느끼는데, 누구도 알지 못하는 딸 질다를 집 안에 가두고 숨김으로써 보호한다. 만토바 공작은 교회에서 예배를 드리고 오는 질다에게 접근해 이미 환심을 사고 있었는데, 우연히 그녀를 보게 된 사람은 실나를 리골레토의 딸이라고는 전혀 생각하지 못하고 리골레토의 첩이라고 의심하며 호시탐탐 질다를 노린다. 사람들에게 납치된 질다는 만토바 공작 앞에 놓이게 되고, 리골레토의 숨겨진 딸임을 알게 되지만 자기의 욕망을 채우기 위해 만토바 공작은 질다를 유린한다. 이에 분노한 리골레토는 만토바 공작을 암살하기 위해 자객인 스파라프칠레와 위험한 거래를 한다.

오페라를 보는 관객은, 가지지 못한 자에 대한 동정과 슬픔, 보호 본능을 자극하는 안타까움을 리골레토에게 보낼 수 있다. 리골레토의 억울함을 느끼는 깊이와 강도는 관객의 마음과 오버랩돼 분노로 커질 수 있다. 자신의 외모에 대한 스스로의 혐오를 가진 리골레토는 누구나 콤플렉스를 가질 수밖에 없는 시대의 관객에게 공감과 동정, 연민을 불러일으킨다. 리골레토는 질다를 보호하기 위해 치욕은 자신에게만 달라고 다른 사람들에게 요청하는데, 부모라면 정말 공감하게 된다. 질다는 리골레토에게 '아빠 마음속의 천사'라는 표현을 하는데, 리골레토는 감각이 민감하기 때문에 질다를 더 확실하게 보호할 수도 있지만 분노를 참지 못하고 폭발시키기도 하는 것이다.

〈리골레토〉에서 질다를 향한 만토바 공작의 마음을 순수한 사랑으로 볼 경우와 순간적인 성욕, 정욕으로 볼 경우 완전히 다른 해석을 내릴 수 있다. 만토바 공작의 질다에 대한 마음은 두 가지가 모두 해당된다고 보는 것이 더욱 타당할 수 있다. 질다를 향한 만토바 공작의 두 가지 마음은 배신감과 끊을 수 없는 사랑의 감정 사이에 있는 질다의 내면에 개연성을 부여한다고 볼 수 있다. 만약 질다의 감성이 민감하지 않았으면 만토바 공작에 대한 좋은 마음, 만토바 공작이 질다에게 주는 좋은 마음 때문에 대신 죽으려고 절대 결심하지는 않았을 것이다.

예술가로 살았다면, 행복하게 살았다면, 리골레토와 질다의 예민한 감수성은 그들에게 더욱 디테일한 감동을 주었을 것이다. 그런데, 콤플렉스와 사회적으로 낮은 지위를 더욱 예민하게 받아들이게 되면서 참고 견딜 수 없어 극단적인 선택을 하게 만든 것이다. 리골레토와 질다 모두 예상치 못한 극단적인 선택을 하는데, 아무도 도와주지 않고 다른 사람으로부터 어떤 보호도 받지 못한다고 느꼈을 때 그들은 그들 나름대로 최선의 선택을 한 것이다. 만토바 공작은 충분히 비난받을 인물이라고 생각하면서도 리골레토와 질다 또한 비난받을 행동을 했다고 냉정하게 말하는 사람도 있을 것이다. 그러나 만토바 공작에게는 다른 대안과 방법이 충분히 많았지만, 리골레토와 질다에게 어떤 다른 선택권이 있었는지 따져볼 필요가 있다. 그들이 잘했다, 잘못했다를 논하기 전에 견딜 수 없는 괴로움 속에서 그들은 최선을 다했다는 점은 일단 인정해야 한다.

상처받지 마라,
취향일 뿐이다

부정적인 사고, 감정, 행동의 이면

- 음악에 대한 균형을 유지하려는 무의식

○

김진민 연출, 김경민 극본의 tvN 월화드라마 <그녀는 거짓말을 너무 사랑해>(이하 <그거너사>)는 정체를 숨긴 천재 작곡가 강한결(이현우 분)과 그에게 첫눈에 반한 비타민 보이스 여고생 윤소림(조이/박수영 분)의 순정 소환 청(靑)량 로맨스이다. 한결은 음악 때문에 상처 입은 천재 작곡가이다. 대한민국 최고 인기 밴드 크루드플레이의 숨겨진 멤버로, 크루드플레이 전 곡의 작곡 및 프로듀싱을 담당하고 있다. 케이라는 가명 뒤 숨겨진 한결을 아는 사람은 일부지만, 타고난 음감에 시대가 바라는 바를 캐치하는 예리한 감수성까지 그는 천재 히트 작곡가로서 필요한 모든 걸 갖췄다. 음악이 그를 풍족하게 만들지만 이런 그의 인생을 복잡하게 만드는 것 또한 음악인데, 모든 삶이 음악을 중심으로 돌아가고 있기 때문이다. 한결은 악플과 같은 다른 사람의 평가에 민감하게 반응하는데, 악플에 무조건 흔들리는 게 아니라 흔들리면서도 균형을 찾으려고 노력한다는 점을 발견할 수 있다.

용기 있게 다가오는 소림으로 인해 흔들린 한결은, 자신의 음악을 싫어하는 듯한 모습, 다른 사람 및 여자 친구와의 인간관계도 거부하는 모습 등을 보이는데 그의 부정적인 사고, 감정, 행동의 이면에는 음악에 대한 균형을 유지하려는 무의식이 존재한다고 볼 수 있다. 천재 작곡가 한결은 왜 정체를 숨기려 했을까? 그리고 왜 자신의 음악을 사랑하지 않는 것 같은 모습을 보일까? 채유나(홍서영 분)를 위해 곡을 만들었으면서도 한결은 왜 유나에게서 떠나려고 했을까? 전 연인이자 또 다른 비상을 꿈꾸는 톱 여가수 유나와 소속사의 바람둥이 프로듀서 최진혁(이정진 분)의 키스 장면을 보고 한결이 흥분한 것은 배신감 때문일 수도 있지만, 아직 시링이 남아 있기 때문일 수도 있다.

다른 사람들은 한결을 천재 작곡가라고 생각하지만 정작 본인은 스스로 만족하지 못한다. 완벽주의자이기 때문일 수도 있고, 더 높은 목표를 원하기 때문일 수도 있지만, 그렇다고 스스로 비하할 정도는 아니라는 점을 염두에 둘 필요가 있다. 한결에게 왜 그런 인지적 왜곡이 일어났을까? 여러 가지 이유가 있을 수도 있지만, 현재 자신이 완벽하다고 생각할 경우 그런 완벽한 자신과 자신을 건드리는 악플을 공존시키기 어려웠을 수도 있다. 천재 작곡가이기 때문에 감수성, 감각은 누구보다도 뛰어나다고 볼 수 있는데 그러기 때문에 악플 또한 더 민감하고 아프게 느끼게 되는 것이다. 천재적 작곡가가 자신과 자신의 곡이 별볼일없다고 생각하는 것을 위로하며 감싸줄 것인가, 신랄하게 비판해 결국 더 깊은 자기반성을 하도록 만들 것인가에 대해서는 〈그거너사〉를 만든 제작진뿐만 아니라 시청자들도 한 번쯤 생각해 볼 필요가 있다고 제안하고 싶은데, 똑같지는 않겠지만 많은 사람들이 이런 경험을 할 수 있기 때문이다.

위로하고 감싸는 것과 신랄하게 비판하며 자극하는 것은. 한결의 인지적 왜곡을 축소할 것인가, 아니면 오히려 확장할 것인가의 관점에서 바라볼 수 있다. 인지적 왜곡을 축소하기 위해 위로와 힐링을 꾀할 경우 위로로 받아들이지 않고 저항할 수도 있다. 주로 자신이 똑똑하고 잘났다고 생각하는 사람들에게서 일어나는 현상인데, 한결 또한 자신을 위로하는 사람들의 말에 저항감을 표현한다. 다른 사람들의 입장에서 볼 때는 극도로 잘난 척한다고 생각될 수도 있는데, 한결의 입장에서는 아직 마음이 바뀌지 않았기 때문에 그런 반응이 나올 수 있다.

또 하나의 방법은 오히려 인지적 왜곡을 확장하는 것이다. 이는 갈등의 증폭을 일으켜 돌이킬 수 없이 위험해질 수도 있지만, 제어를 잘한다면 오히려 새로운 돌파구가 될 가능성도 있다. 〈그거너사〉 제4회에서는 자신을 스스로 비난하는 한결에 대해 다른 사람들도 인정하고 동조하는 모습을 보였는데, 더 정확하게 표현하자면 한결이 계속 우긴다면 그들도 그렇게 생각하겠다는 태도를 취했다. 반면에, 소림은 "저 노래를 만드는 사람이 얼마나 음악을 좋아하는지 알 것"이라고 말해 한결의 마음을 움직였는데, 소림은 작곡가와 한결이 같은 사람인줄 모르고 말했었다. 한결의 예를 보면 악플과 같은 반응은 단지 표현하는 사람의 취향, 성향일 뿐이고, 그것을 받아들이는 사람의 마음에 따라 와닿는 강도가 크게 달라질 수 있으므로 무조건 받아들일 수밖에 없는 진리의 영역은 아니라는 것을 알 수 있다.

마무리하며

○

자신감과 자존감을 가지고
살기를 바라며

스포일러를 일반 독자만큼 싫어하는 필자는 공연이나 영화의 리
뷰를 쓸 때 전체적인 내용 자체를 이 책에서 각각 든 예제만큼 많
이 쓴 적이 없다. 그렇지만 모든 스포일러를 쓰지는 않고 제작사나
홍보사가 제공한 범위 내에서의 시놉시스는 공유했는데, 필자의
원래 스타일대로 쓰지 않은 이유는 절대 진리인지 취향인지에 대
한 이야기를 공유하기 위해서는 기본적으로 작품의 전반적인 분위
기를 공유하고 공감해야 한다는 전제 조건을 맞추기 위해서이다.

원래 필자가 리뷰를 쓰던 스타일로 이 책을 썼으면 모든 작품을
다 본 독자와만 공유하고 공감하게 될 수도 있을 것이다. 공감을
위해 본문에서 기술한 "$ax^2+bx+c=0$은 몇 차식입니까?"라는 화두
에 맞춰 생각하고 적용했다. 예를 공연이나 영화에서 가져온 이유
는, 작품을 봤을 때의 느낌을 떠올리며 더 이상 다른 사람의 취향
을 절대 진리로 오인해 상처받지 않는 마음을 가질 수 있기를 바라
기 때문이다. 또한, 이 책을 보고 어떤 작품을 보겠다는 마음이 들
어 실행할 경우 관람하는 동안에 '절대 진리 vs. 취향'의 관점을 유

시하면서 더욱 많은 깨달음을 얻을 수 있을 것이라는 기대도 포함된다.

내가 가진 게 아무것도 없는 것 같아도, 나는 내가 가진 것을 모르고 있을 수도 있다는 생각, 나는 내가 알고 있는 것보다 훨씬 많은 것을 가지고 있을 수도 생각을 항상 하기를 바란다. 내가 실수한 게 많고 실패한 게 많아서 이제는 더 이상 내 인생에 희망이 없을 것 같지만, 그리고 그렇게 느끼는 것은 내 안의 마음과 다른 사람의 나에 대한 평가인데 그 두 가지 모두 절대 진리의 영역에서의 판단이 아닌 성향이나 취향, 선호도 이런 영역에서 내려진 판단일 수도 있다는 가정을 언제든 할 수 있기를 바란다.

필자 또한, 상대방이 매우 강력하게 말할 때 그게 절대 진리인 줄 알고 상처받으며 좌절하며 지냈던 수많은 시간이 있었는데. 그런 시간을 보낸 많은 사람들에게 조금이라도 이 책이 위안이 되기를 바라며, 청소년과 청춘, 좀 오래된 청춘까지 모두 불필요한 시행착오로 황금 같은 인생을 허비하지 않기를 바라는 마음을 전한다. 큰소리로 외치는 게 유치해 보일 수 있지만, 유치해 보이는 만큼 내 인생을 이제는 유치하지 않게 만들어줄 마법의 문구, 자신감과 자존감을 심어줄 문구라고 믿으며 한 번 더 필자와 함께 큰 소리로 외쳐 보자.

"상처받지 마라. 절대 진리가 아닌 취향일 뿐이다."
"절대 진리처럼 말하는 대부분이
그냥 그 사람의 취향일 뿐이다."